会展策划与管理专业系列教材

专家指导委员会主任/韩玉灵 总主编/康年

会展营销

宋波 孙景然 姚歆 ◎ 主编
丁旭 王菱 王磊 陈姝 陈翊霖 林海榕 洪光英 ◎ 副主编

数字资源总码

◆ 推进校企"双元"合作开发
◆ 瞄准行业数字化发展趋势
◆ 匹配专业教学标准核心课程
◆ 贯穿国际通行活动管理理念
◆ 引领职业教材形式创新需求

旅游教育出版社
·北京·

图书在版编目（CIP）数据

会展营销 / 宋波，孙景然，姚歆主编. -- 北京：旅游教育出版社，2025.1. --（会展策划与管理专业系列教材）. -- ISBN 978-7-5637-4743-6

Ⅰ. G245

中国国家版本馆 CIP 数据核字第 202497SL38 号

会展策划与管理专业系列教材

会展营销

宋波　孙景然　姚歆　主编

丁旭　王菱　王磊　陈姝　陈翊霖　林海榕　洪光英　副主编

总策划	丁海秀
执行策划	赖春梅
责任编辑	赖春梅
出版单位	旅游教育出版社
地　　址	北京市朝阳区定福庄南里 1 号
邮　　编	100024
发行电话	（010）65778403　65728372　65767462（传真）
本社网址	www.tepcb.com
E - mail	tepfx@163.com
排版单位	北京鸿文瀚海有限公司
印刷单位	天津雅泽印刷有限公司
经销单位	新华书店
开　　本	710 毫米 × 1000 毫米　1/16
印　　张	11.75
字　　数	160 千字
版　　次	2025 年 1 月第 1 版
印　　次	2025 年 1 月第 1 次印刷
定　　价	59.80 元

（图书如有装订差错请与发行部联系）

会展策划与管理专业系列教材
专家指导委员会、编委会

专家指导委员会

主　任：

韩玉灵（北京第二外国语学院教授，曾担任教育部全国旅游职业教育教学指导委员会秘书长）

副主任：

杜兰晓（浙江旅游职业学院校长、教授，中国职业技术教育学会智慧文旅职业教育专业委员会执行主任）

瞿立新（无锡城市职业学院校长、教授，全国旅游职业教育教学指导委员会会展专业类专业委员会副主任委员）

丁海秀（中国职业技术教育学会智慧文旅职业教育专业委员会副秘书长，旅游教育出版社副社长）

编委会

总主编：

康　年（上海师范大学副校长、上海旅游高等专科学校校长，全国旅游职业教育教学指导委员会会展专业类专业委员会主任委员）

执行总主编：

宋　波（上海师范大学教授，上海旅游高等专科学校旅游研究院常务副院长，全国旅游职业教育教学指导委员会会展专业类专业委员会秘书长）

编委（排名以姓名拼音为序）：

安小霞	仓　俊	陈　超	陈　萍	陈　姝	陈彬彬	陈翊霖
程致远	褚玉静	丁　旭	段玉敏	葛　菲	宫　博	关庆飞
哈丽旦·巴克	韩　健	郝俊谦	洪伟鑫	黄可筠	贾巧云	
蒋天骎	雷　敏	李　健	李　杨	李荣艳	李小蓉	李悦玫
林海榕	刘　硕	刘　文	刘　臻	刘馥馨	刘淼晶	罗绮琦
彭慧翔	钱红阳	任子荣	宋慧娟	孙景然	唐新安	田明舸
田志武	万　涛	王　菱	王琳艳	王姗姗	邬　燕	吴　烽
吴杰楠	吴舒姗	武　君	向　军	谢予馨	徐敏钰	徐若然
徐永君	闫　敏	杨　洁	杨　欣	杨　正	姚　歆	叶大海
余音梅	袁　丽	张　磊	张　素	张　媛	张慧娟	张立英
张素霞	张岩岩	张颖真	张芝敏	赵　建	赵慧娟	赵中华
郑　伟	郑晓星	钟梦婷	周春旺			

《会展营销》
编委会

主　编：

宋　波　上海旅游高等专科学校 / 上海师范大学
孙景然　上海旅游高等专科学校 / 上海师范大学
姚　歆　中国国际贸易促进委员会商业行业委员会

副主编（按姓氏笔画顺序排序）：

丁　旭　南京旅游职业学院
王　菱　成都职业技术学院
王　磊　上海旅游高等专科学校 / 上海师范大学
陈　姝　苏州农业职业技术学院
陈翊霖　无锡城市职业技术学院
林海榕　福州职业技术学院
洪光英　成都职业技术学院

编　委（按姓氏笔画顺序排序）：

孙伟帏　江苏黑马国际展览有限公司
吴　佩　上海旅游高等专科学校 / 上海师范大学
张　素　浙江旅游职业学院
武　君　北京优联信驰文化发展有限公司

郑晓星　福州职业技术学院
赵中华　上海旅游高等专科学校 / 上海师范大学
葛　菲　上海旅游高等专科学校 / 上海师范大学
鲍远坤　改联（苏州）展览有限公司
褚玉静　上海旅游高等专科学校 / 上海师范大学

总序 PREFACE

  会展业以多维度、深层次的经济与社会功能，不仅为现代服务业的发展注入了强劲动力，更在推动城市经济繁荣、促进全球经济一体化等方面扮演着举足轻重的角色。近年来，全球会展业步入了持续且高速发展的轨道，其市场规模以前所未有的速度扩张，到 2028 年，全球会展活动市场规模将达到 15 529 亿美元（ResearchAndMarkets.com）。国内会展业更是迎来了蓬勃发展的春天，市场规模连年攀升，已跃升为全球会展版图中不可忽视的重要力量。从被誉为"中国第一展"的中国进出口商品交易会（广交会），到世界上首个以进口为主题的中国国际进口博览会（进博会）等国家级展会，均具有高度的国际影响力和重要性，它们不仅促进了国内外经济交流与合作，更展示了国家的发展成就和未来趋势。2023 年，国内会展经济的直接产值约为 5820.6 亿元，全国线下展览总数为 7852 个，展览总面积为 14 345 万平方米，展览城市由 2011 年的 83 个增至 197 个（《中国展览数据统计报告》）。

  伴随着经济社会和数字技术的发展，会展行业发展不断升级，对相关人才培养提出了新的要求。自 2018 年起，上海旅游高等专科学校作为牵头单位，顺利完成了教育部和全国旅游职业教育教学指导委员会委托的《会展行业人才需求与职业院校专业设置指导报告》《高职会展策划与管理专业教学标准修订》等工作，准确分析把握会展行业人才需求与会展专业人才培养的匹配性。为适应会展行业优化升级需要，本系列教材对接会展产业数字化、网络化、智能化发展新趋势，对接新产业、新业态、新模式下的会议、展览、节庆、会奖旅游等职业群的新要求，满足会展行业高质量发展对高素质技术技能人才的需求，推动职业教育专业升级和数字化改造，提高人才培养质量，遵循推进现代职业教育高质量发展的总体要求。

2023年底，经过前期与旅游教育出版社的沟通酝酿，上海旅游高等专科学校牵头，组织了"会展策划与管理专业系列教材"核心课程设置暨系列教材编写研讨会，联合浙江旅游职业学院、无锡城市职业技术学院、成都职业技术学院等院校共同组成本系列教材牵头编撰团队，确定了《会展概论》《会展策划》《会展项目管理》《会展营销》《会展沟通与商务礼仪》《会展展示设计与搭建》《会展文案写作》《会展财务管理》《会展运营与执行管理》《会展数字化应用》整套10本教材。本套教材面向会展行业着力培养具有会展策划能力、营销能力、运营能力和服务能力等素养的高素质服务型人才，注重培育学生的创新精神和实践能力，使学生既能够熟悉会展的相关政策和理论知识，又能从事会展企业经营管理和服务运作等方面的工作。

本套教材主要特点体现在：一是匹配专业核心课程体系。系列教材与高职会展策划与管理专业核心课程高度匹配，可直接服务专业核心课程建设与教学。二是贯穿活动管理理念和过程。系列教材贯穿活动管理理念，教材内容和主题，与会展活动管理（Event Management）知识框架保持一致。三是瞄准行业数字化发展趋势。系列教材对接新兴职业岗位需求，满足数字化服务技能的需要，结合数字化新技术应用，助力会展新业态发展。四是迎合职业教材形式创新需求。推行项目—任务结构式教材，并配套开发数字化资源，保证后续教材内容及时动态更新，积极与行业共建产教融合教材。

本套教材既可作为中高职职业教育会展类专业教学用书，也可作为职业本科会展类专业教育的参考用书，同时可作为工具书供从事会展策划与管理的企事业单位专业人员借鉴与参考。

作为全国首套会展策划与管理专业系列教材，难免存在缺陷与不足，恳请读者朋友指正，我们将在再版过程中予以完善与修正。

总主编：上海旅游高等专科学校

前言 FOREWORD

随着中国经济的快速增长，会展行业发展规模不断扩大，专业会展人才需求日益迫切。为适应会展行业优化升级需要，本教材结合会展行业的特点，加强与会展业最新发展趋势的紧密联系。会展营销作为会展专业的核心课程，是一门兼具理论与实践性的课程，本教材旨在满足会展行业迅速发展对高素质营销人才的需求，推进现代会展职业教育专业升级和高质量发展。

本教材围绕市场营销基本理论，采用丰富典型的会展营销案例，结合会展营销的特点和新理念、新技术进行编写。本教材共有九章，包含会展营销概述、会展营销信息与调研、会展目标市场战略、会展产品营销与品牌战略、会展产品定价、会展促销、会展分销渠道、会展营销管理和新环境下的会展营销。章内板块设置丰富，包括学习目标、案例导引、课前讨论、理论知识、知识链接、拓展案例、核心概念、进阶讲堂、课后习题、实训演练等部分。

本教材主要有三个特色：

一是注重完整性，丰富教材知识内容。本教材涉及会展营销的基本概念、理论知识、方法工具、会展产品、定价、渠道和促销等策略、整合营销、新媒体营销和人工智能等新环境下的会展营销，并且提供了教学课件和配套试卷与答案。不仅将市场营销理论和会展营销紧密结合，还体现会展活动和服务的独特性，教材体系和知识内容构建较为完整和丰富。

二是突出实用性，强调技能实操训练。本教材所选案例材料具有实效性和真实性，重点篇章设置进阶讲堂视频课，能够切实帮助学生了解会展行业，掌握会展营销技巧和提高实践操作能力。每章开篇加入典型案例，引导章节内容。同时，每章融合知识链接以及拓展案例，实用性强。最后，每章结尾增加实训演练环节，注重理论和实践相结合，培养学生的实践操作能力，突出高职教育和学科特点。

三是注重创新性，紧跟行业发展的时代性。本教材顺应会展发展新趋势，注重大数据以及人工智能广泛应用的背景，与时俱进，加入最新的会展营销理论研究成果和会展企业营销实践，体现了教材的创新特色。

本教材从会展行业人才需求出发，落实专业人才培养任务。教材从大纲设计、框架确定、体例规范、初稿撰写、案例引用以及统稿校对等都得益于编撰团队的付出和心血。特别是，中国国际贸易促进委员会商业行业委员会姚歆秘书长和上海旅游高等专科学校、福州职业技术学院、成都职业技术学院、南京旅游职业学院、无锡城市职业技术学院和苏州农业职业技术学院从事会展专业教学和建设的老师们组建了一支校企合作编撰团队，搭建起连接理论与实践、融合学校教育与企业需求的桥梁。在编写过程中，我们充分吸收了行业专家的宝贵意见，紧密结合企业实际案例与前沿技术，力求使内容既具有学术性，又具备实用性和前瞻性。我们期待通过这部教材，能够激发更多学生对所学专业的热爱与追求，为他们的成长成才铺就一条宽广的道路；同时，我们也希望这部教材能够成为校企合作的典范，为更多高校与企业的合作提供有益的借鉴与启示。最后，衷心感谢旅游教育出版社的指导和大力支持。在本教材编写过程中，参考了大量相关教材、论文和网络资料等，在此一并表示感谢。

本教材可作为普通高等院校应用型本科专业或高职院校市场营销专业、会展专业的教学用书，也可作为从事会展营销的业内人士的参考用书。由于编者水平有限，加之时间紧迫，本教材难免存在不妥之处，敬请同行专家和广大读者批评指正。

编　者

第一章
会展营销概述 / 1

第一节　会展的概念和功能价值…………………………………3
第二节　会展营销的概念和理论…………………………………7
第三节　会展营销的主体与客体…………………………………9
第四节　会展营销的发展及趋势…………………………………14

第二章
会展营销信息与调研 / 23

第一节　会展市场信息获取与收集………………………………25
第二节　会展营销调研的内容……………………………………28
第三节　会展营销调研的方法……………………………………35

第三章
会展目标市场战略 / 43

第一节　会展市场细分……………………………………………46
第二节　会展目标市场的选择……………………………………55

第三节　会展市场定位策略 ……………………………………………… 58

第四章
会展产品营销与品牌战略　/ 65

第一节　会展产品概念 …………………………………………………… 67
第二节　会展产品开发策略 ……………………………………………… 71
第三节　会展产品组合策略 ……………………………………………… 75
第四节　会展产品生命周期营销策略 …………………………………… 76
第五节　会展产品品牌策略 ……………………………………………… 80

第五章
会展产品定价　/ 87

第一节　会展产品的价格体系 …………………………………………… 89
第二节　会展产品价格的影响因素 ……………………………………… 93
第三节　会展产品的定价方法 …………………………………………… 94
第四节　会展产品的定价策略 …………………………………………… 98

第六章
会展促销　/ 103

第一节　会展促销的含义及作用 ………………………………………… 105
第二节　会展促销组合的选择 …………………………………………… 106
第三节　会展营销中的广告和公共关系 ………………………………… 109
第四节　会展营销中的人员销售和销售促进 …………………………… 113

第七章
会展分销渠道 / 119

第一节　会展分销渠道的内涵、类型与特点⋯⋯⋯⋯⋯⋯⋯⋯⋯⋯⋯121
第二节　会展分销渠道的选择⋯⋯⋯⋯⋯⋯⋯⋯⋯⋯⋯⋯⋯⋯⋯⋯126
第三节　会展分销渠道的管理⋯⋯⋯⋯⋯⋯⋯⋯⋯⋯⋯⋯⋯⋯⋯⋯129

第八章
会展营销管理 / 137

第一节　会展的招展招商管理⋯⋯⋯⋯⋯⋯⋯⋯⋯⋯⋯⋯⋯⋯⋯⋯139
第二节　会展客户关系管理⋯⋯⋯⋯⋯⋯⋯⋯⋯⋯⋯⋯⋯⋯⋯⋯⋯142
第三节　会展时间管理⋯⋯⋯⋯⋯⋯⋯⋯⋯⋯⋯⋯⋯⋯⋯⋯⋯⋯⋯145

第九章
新环境下的会展营销 / 151

第一节　会展整合营销⋯⋯⋯⋯⋯⋯⋯⋯⋯⋯⋯⋯⋯⋯⋯⋯⋯⋯⋯154
第二节　 会展新媒体营销⋯⋯⋯⋯⋯⋯⋯⋯⋯⋯⋯⋯⋯⋯⋯⋯⋯158
第三节　人工智能赋能会展营销⋯⋯⋯⋯⋯⋯⋯⋯⋯⋯⋯⋯⋯⋯⋯160

参考文献 / 167

期末考试试卷 A 卷 / 169

期末考试试卷 B 卷 / 172

第一章 会展营销概述

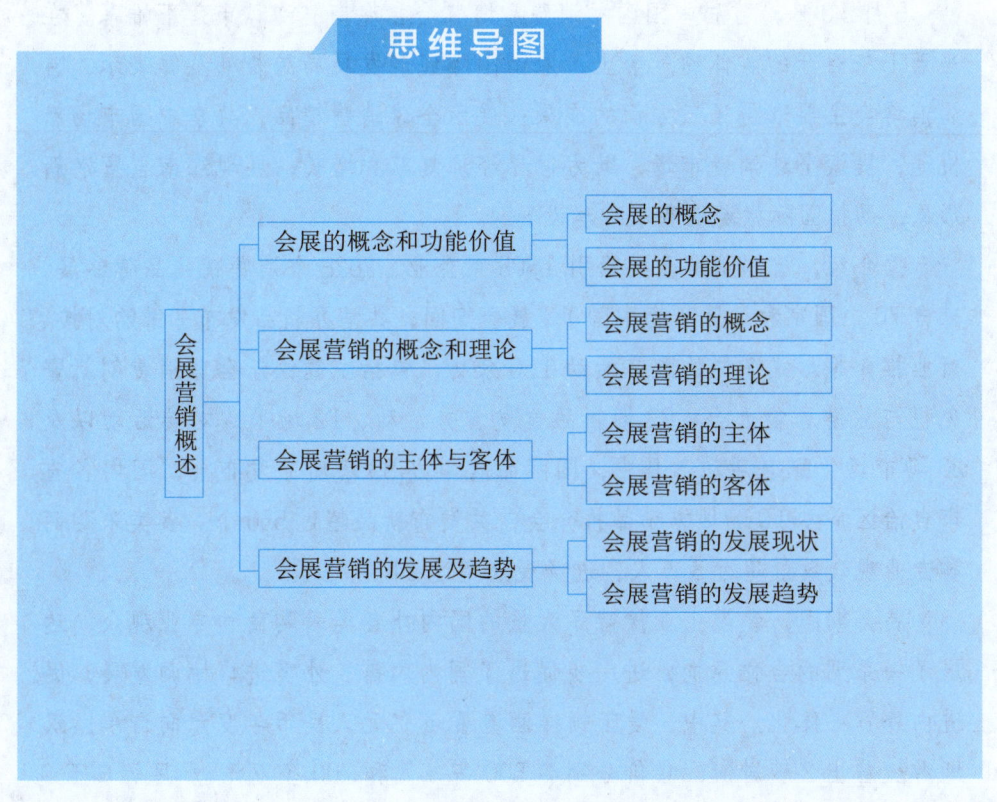

> **学习目标**
>
> - 了解会展的概念及类型
> - 熟悉会展的功能价值
> - 理解会展营销的概念和理论
> - 熟悉会展营销的主体客体
> - 掌握会展营销的发展及趋势

 合同成交额 15 亿元　消博会首秀告捷

5月10日，首届中国国际消费品博览会在海南省海口市落下帷幕。在当天下午召开的媒体通气会上，海南国际经济发展局局长韩圣健表示，首届消博会主要取得了三方面的成果：展示全球消费精品，共享中国市场新机遇；提振全球消费市场，助力世界经济复苏和增长；展现海南自贸港新形象，助推国际旅游消费中心建设。

据介绍，首届消博会共吸引1505家企业、2628个消费精品品牌参展，来自70个国家和地区（含中国）。展会期间，共举办新品发布、采购对接、行业推介等形式多样的配套活动130余场，包括主题论坛全球消费创新暨免税与旅游零售大会、93场新品首发首秀活动、12场采购对接活动以及23场市场化配套活动。其中，国际品牌举办83场新品发布会，国内各省市自治区举办10场地方精品推介会，共发布新品超过550个。各类采购商和专业观众数量超过3万人，进场观众超过24万人次。

展会期间，参展企业接待了大量的国内外各类采购商和专业观众，达成了一系列的合作意向，进一步促进了国内内需、外需进口协调发展，促进内外贸一体化。其中，爱丁顿洋酒签署1亿元人民币年度意向订单；汉斯游艇售出2艘游艇，售价分别为500多万元和700多万元；5月7日至9日3天，海南馆共接待约2万人次，意向成交金额1.031亿元，合同成交金额15.355亿元人民币。海南馆的黄花梨家具以2000多万元的价格售出。

首届消博会期间设立的精品直播间，观看人数达1600多万，总引导成交额 6800 万元，总引导成交件数超过 96 万件。京东、考拉、洋葱、全球精品（海口）免税城等大型跨境电商平台纷纷在消博会现场举办专场活动，连接全球知名品牌。据初步统计，超过 80% 参展企业明确表示参加第二届消博会意向。

本届消博会上，国内外知名研究机构和智库发布了一系列的研究报告和重要倡议，推动消博会成为全球消费趋势重要发布平台。例如，毕马威联合穆迪戴维特报告共同发布《全球旅游零售白皮书》；中国（海南）改革发展研究院发布《中国消费——构建双循环新发展格局》；中国国际贸易学会、中国国际贸易中心发布《2021 年中国旅居康养产业发展白皮书》；《可持续发展经济导刊》与戴尔科技、雀巢等品牌共同发布《全球可持续消费倡议》等。

作为中国首个以消费精品为主题的国家级展会，消博会已与广交会、服贸会和进博会一道，成为中国主动与世界分享发展机遇的国家级"会展矩阵"，成为中国对外开放的重要公共服务平台，成为更好造福世界各国人民的实际行动和生动范例。

资料来源：徐慧．合同成交额 15 亿元，消博会首秀告捷．北京商报，2021-05-11．

课前讨论：

1. 消博会的组成部分包括哪些活动？
2. 当地政府开展消博会取得了哪些成效？

第一节　会展的概念和功能价值

一、会展的概念

会展是指在一定地域空间和时间内，许多人聚集在一起形成的、定期或不定期、制度或非制度的传递和交流信息的群众性社会活动。广义的会展是会议、奖励旅游、大型会议、展览会、节事活动的统称，狭义的会展是指会议和展览。

（一）广义的会展

广义的会展在国际上通称为 MICE（meeting, incentive tour, convention, exhibition and event），包括会议（meeting）、奖励旅游（incentive tour）、大型会议（convention）、展览会（exhibition）和节事活动（event）等集体性活动的总称。

1. 会议

会议是指人们出自不同的目的，围绕一个共同的主题，进行信息交流或聚会、商讨的活动。会议的利益主体主要有主办方、承办方和与会者，其主要内容是与会者之间进行思想或信息的交流。

图1-1　2024顶尖科学家论坛

2. 奖励旅游

奖励旅游是指一种向完成目标的参与者提供旅游作为奖励，从而达到激励目的的现代管理工具。这种奖励通常是一种豪华的、由旅行社全部代办的综合包价旅游。

图1-2　奖励旅游

3. 大型会议

大型会议是指主办机构或协会的全体成员参加的主题会议，一般由国际性协会组织，如 APEC 会议、G20 峰会、博鳌亚洲论坛等。

4. 展览

展览是一种具有一定规模，定期在固定场所举办的，来自不同地区的有组织的商人聚会。一次展览会的利益主体主要包括主办方、承办方、参展商和观众，主要内容是实物展示，以及参展商和观众之间的信息交流和商贸洽谈。

5. 节事活动

节事活动含有事件、节庆和活动等多方面的含义。国外常常把节日、特殊事件、大型活动等合在一起作为一个整体，是经过精心策划，依据特定的主题，对人们产生吸引的具有广泛民众参与性的各类庆典和活动的总称。

（二）狭义的会展

狭义的会展指的是会议和展览，通常称为 CE（convention and exposition）或者 ME（meeting and exposition）。会议的形式包括产品推介会、学术交流会、行业高峰论坛、企业内部会议等。展览的形式包括博览会、展览会、展销会、交易会、贸易洽谈会等。

> **知识链接** | 第 33 届青岛国际啤酒节启幕　品牌啤酒数量创历史新高

作为世界四大啤酒节之一，第 33 届青岛国际啤酒节 14 日晚在青岛西海岸新区金沙滩啤酒城启幕。中国的青岛啤酒、丹麦的嘉士伯、荷兰的喜力等全球知名啤酒品牌亮相本届啤酒节，来自全球 40 余个国家和地区的 2000 余款品牌啤酒汇聚一堂，品种数量创历史新高。

开幕式上，来自俄罗斯、乌兹别克斯坦等国家和地区的近百名演员为观众带来了精彩纷呈的表演。

据介绍，本届啤酒节金沙滩啤酒城围绕"开放"主题，在为期 24 天的节庆期间，设置 9 个国际一线品牌啤酒大棚、1 个精酿啤酒嘉年华大棚以及 32 栋德国巴伐利亚风格啤酒木屋，总面积 1200 亩。同时，创新策划了"超级PENG"精酿啤酒畅饮酒墙项目，为全球精酿啤酒品牌搭建大型展示平台，酒墙设置了300个啤酒龙头，提供精酿啤酒一站式畅饮体验，海内外游客可集中体验300款精酿啤酒。

第33届青岛国际啤酒节现场指挥部副指挥崔西军表示，本届啤酒节期间将举行"国际啤酒节联盟合作机制2023青岛会议暨世界知名啤酒节办节经验分享会"，并拟发布《国际啤酒节联盟2023青岛共识》，进一步搭建高质量对话平台，促进联盟成员国之间啤酒节庆文化及其相关产业的发展。

作为亚洲最大的户外节日、中国十大节庆活动之一，始创于1991年的青岛国际啤酒节是以啤酒为媒介，融旅游、文化、经贸、体育于一体的大型节庆活动。

资料来源：蔡亚群．第33届青岛国际啤酒节启幕，品牌啤酒数量创历史新高．中国新闻网，2023-07-15.

二、会展的功能价值

（一）带动经济发展

会展的经济功能主要体现在它所带来的自身的经济效益和推动其他产业发展的力量上。会展经济的发展能够促进各种要素、经济资源向城市集聚，从而促进城市经济的发展。会展业具有极强的经济联动性，可以带动服务、交通、旅游、广告、装饰、餐饮、通信和酒店等多个部门，不仅可以培育新兴产业群，而且能够直接或间接带动一系列相关产业的发展。

（二）促进文化知识传播

会展日益成为国际间政治、社会、文化和先进科学技术交流及国际信息沟通的重要渠道，各类会展有效推动了世界各国和地区间的交流与往来。会展的集中性、直观性、生动性和便捷性，使其在新理念、新技术、新知识的传播推广方面扮演着不可替代的作用。同时,会展活动汇集了来自不同国家和地区、有着不同文化和观念的人士，举办地居民通过与世界各地的会展参与者接触，可以不断接受新知识和新思想。

（三）推动举办地环境营造

一个城市或地区要举办会展活动，都会积极进行综合性、全方位的城市和地区建设，如建设交通通信网络和现代化的大型会展中心，完善旅游接待设施，加强环境保护工作等，有效改善了当地的社会自然环境和居民的生活环境。

> **知识链接 | 博鳌亚洲论坛的世界意义**
>
> 作为当今世界最具影响力的论坛峰会之一，博鳌亚洲论坛以其独特的魅力光彩和难以复制的区域特色，已成为亚洲以及世界各国凝聚共识、交流思想、重塑信心、阐述主张、扩大合作、共谋发展的高层次对话平台，具有重要的时代意义和深远的现实意义，不仅可以向世界展示疫后亚洲发展新愿景，彰显中国主动改革开放的决心，而且能够为世界经济复苏注入信心和动力，向世界提供全球经济治理"亚洲方案"。
>
> 博鳌亚洲论坛年会具有重要的时代意义和深远的现实意义，不仅可以为提高海南自由贸易港国际知名度提供重要平台，而且也向全世界宣示海南自由贸易港实施更高水平的投资贸易自由化政策制度的强大信念。
>
> 开放包容的中国需要博鳌亚洲论坛，共同繁荣的亚洲需要博鳌亚洲论坛，稳健复苏的世界更需要博鳌亚洲论坛，相信新时期的博鳌亚洲论坛必将为世界经济复苏注入强大动力，必将成功向世界展示疫后亚洲发展的新愿景。
>
> 资料来源：金瑞庭．博鳌亚洲论坛的世界意义．光明日报，2021-4-18.

第二节　会展营销的概念和理论

一、会展营销的概念

会展营销是指会展组织者寻找目标市场，研究目标客户需求，设计会展产品和服务，制定营销价格，选择营销渠道以及保持良好顾客关系等一系列销售活动。具体来说，会展营销是满足顾客需求、创造利润的出发点，利用有效的营销手段吸引并留住更多的参展商和观众。

二、会展营销的理论

会展营销不同于传统的产品营销，其营销的对象是服务，服务具有无形性、不可储存性、生产与消费同时进行等特征。会展营销的理论基础是服务营销，除产品、价格、渠道、促销等传统营销工具外，会展有形展示、过程、人员是重要的营销组合要素。

（一）产品

展览会中的产品主要指展会组织者所提供的整个展览及展位本身。展会营销不仅需要对展位进行营销，也要对展会进行整体推广。

（二）价格

价格包括展位的价格和参会人员在展会支出中的一切费用成本，包括广告位支出、赞助、展会门票、其他服务费用等。主办方和承办方要考虑价格水平、付款条件、折扣幅度、展会品牌等综合因素，制定合理的价格体系。

（三）渠道

渠道包括直接渠道和间接渠道两种。直接渠道是指通过组展方向参展商直接销售展会产品，间接渠道指通过招展中介、广告公司等进行营销。

（四）促销

促销包括人员推销、广告促销、电话营销、营业推广等传统方式，以及关系营销、合作营销、直接邮寄、电话营销、传真营销、直接拜访、网络营销、公关关系营销等，会展营销需要选择性组合搭配使用促销方式。

（五）人员

展会中的人员主要包括展会工作人员和顾客两方面。工作人员的服务理念非常重要，应该在会展服务中贯彻。另外，做好顾客关系管理服务，也是会展营销的有效方法。

（六）有形展示

有形展示指的是将会展中无形的产品转化为有形的展示，包括展示环境、设施设备、员工着装、展会标志等，让顾客享受到无形的服务。

（七）过程

会展营销需要注重会展服务整个过程，优化每个服务环节，提高服务质量，提升参展商和观众对于会展的满意度。

图1-3 会展营销组合

第三节 会展营销的主体与客体

一、会展营销的主体

会展营销的主体主要是指会展组织者和其他机构等，具体包括主办方、承办方和协办方，以及媒体机构和会展场馆。

（一）会展组织者

会展组织者是会展活动的发起者，在整个会展营销环节占据主导者地位，通常包括主办方、承办方和协办方三类。

1. 主办方

主办方是指展会和会议的组织者。从当前的我国会展活动的情形来看，会展的主办方包括各级政府部门、行业协会、商会、联盟和会展公司等。

2. 承办方

承办方是指对会议和会展活动直接操控运行的会展公司。会展的承办方主要负责展会的具体运作过程。我国对于展会的承办方施行严格的资格审定制度，一般都需要获得政府有关部门的批准获取办展资格方可。

3. 协办方

协办方是参与会展招商、招展等工作的支持单位。在实际运作过程中，往往是大型活动的协办单位，也是会展组织者重要的组成部分。协办方可以丰富主办方的业务网络，从物质、资金流等方面提高会展水平。

表1-1 中国（宁波）国际茶业博览会

名称	2023中国（宁波）国际茶业博览会
时间	2023年12月28—31日
地点	宁波国际会展中心
主办方	中国国际茶文化研究会、宁波市茶文化促进会
承办方	上海励新展览有限公司
协办方	宁波市台州商会

（二）其他机构

除了上面提及的几方面主体之外，媒体机构和会展场馆也是不可缺少的部分。

1. 媒体机构

媒体机构一般情况会作为会展主办方的合作伙伴，或是受会展主办方的邀请报道会展活动情况。媒体机构为展会提供新闻报道，增加展会的曝光率与知名度，也是参展商与观众了解展览会的重要途径。由于媒体机构在市场宣传方面的优越性，一些媒体也开始涉足会展业。例如，与会展主办方达成利益分成协议共同主办展会或者媒体机构单独举办展览会。

2. 会展场馆

会展场馆是指从事会议、展览、节事活动的主体建筑和附属建筑，以及相配套的设施设备和服务。场馆中的"场"是场地，一般指室外区域；"馆"即馆所，一般指室内区域。因此，会展场馆可以分成室内的会展和展览中心，以及露天的会议和展览场地。

场馆一般包括会展中心和会议酒店等，是会展营销活动的重要主体，也是会展组织者举行会展活动的空间载体。其中会展中心主要包括展览中心和会议中心两部分，是会展主办方举行会展活动的落地空间承载体。展览中心由硬件设置和软件配置组成，包括地理位置、周边建设、交通环境、展厅设备配置、内部装修等。会议中心主要是指为不同规模的会议提供专门的场地、设备和服务的场所。会议酒店能够提供多样化的会议场所，一般作为综合性会议、展览、餐饮和住宿的场所。

图1-4　上海新国际博览中心

 知识链接 | **中国最大的会展场馆**

国家会展中心（上海）位于上海市，是目前世界上面积最大的建筑单体和会展综合体。它由展览场馆、商业中心、办公楼、酒店四部分构成，通过8米标高的会展大道连成一体，人们可便捷地穿行其中。国家会展中心（上海）的总建筑面积近150万平方米,是目前世界上面积最大的会展综合体。它不仅在室内展览面积上达到了40万平方米，还拥有10万平方米的室外展场，展现了上海作为国际会展城市的重要地位和规模优势。

不同的会展营销主体举办会展活动的目的以及会展营销的目标是有所差异的。政府部门、贸促机构更多的是为了创造高层次的会展产品、媒体传播效果、崇高声望或社会效益；商会、行业协会更多的是为了促进行业发展和保障会员单位利益；会展企业办展更多的是为了获取经济利益。因此，不同的会展主体要明确自身的定位以及举办会展活动的目的，有针对性地进行会展营销。

二、会展营销的客体

会展营销的客体是指会展产品的需求者，主要包括参展商、观众、会议嘉宾和其他活动参与者等。

（一）参展商

参展商是指受到会展组织者的邀请，通过相应的协议或者合同，在特定的时间和地点展示自身产品或者服务的主体。对于参展商而言，参加展会活动是其营销活动的重要组成，通过参展的形式，可以集中宣传新产品和新技术，找寻潜在客户，并了解行业领域内最新的动态或者客户需求。另外，参展商也是承办方主要营销服务的对象。会展承办方与会展参与者是一种长期的稳定的合作关系。会展承办方希望通过办会展活动能够获得经济利益上的回报，而会展参与者需要通过参加会展活动达到集中宣传品牌，获取潜在市场的目的。会展承办方只有提供满意和周到的服务，参展商才会觉得参加的会展活动是值得的，才愿意为其买单，最终实现双赢。

（二）观众

观众是会展组织者的另一类营销服务对象，指通过购买通行证或接受邀请等形式进入会展活动现场的自然人、企业以及其他相关市场主体。根据观众的身份和目的，可以将其划分为专业观众和普通观众。专业观众是指通过注册获取参观证，参观并在展会上采购产品，或在展会上寻求合作伙伴的各类组织或个人。专业观众是组织者宣传和吸引的主要目标，是参展商真正的潜在客户。专业观众的数量和质量直接影响参展商的参展效益与再次参展的可能性，是吸引参展商参展的主要动因。普通观众是指为了个人兴趣和娱乐目的参观展览会。专业观众和普通观众可以错开参观时间，其目的在于控制人流量，有助于专业观众更好地进行交流洽谈，参展商也可以根据不同的观众类型提供差异化的服务。

（三）会议嘉宾

会展活动会邀请业内知名专家、学者、企业家、政府要员或协会负责人作为会议的嘉宾。嘉宾掌握着行业发展的最新动态和前沿信息，嘉宾也是参展人员考虑的重要因素。

（四）会展活动的其他参与者

会展活动的其他参加者也是会展营销不能忽视的对象，如当地官员，他们的观点对展会的口碑和影响力的扩大有着举足轻重的影响，对展会的后续举办能起到很大的指导作用。

 知识链接 | 首届潍坊国际电子商务博览会开幕　跨境电商云集

2023年5月26日，由山东省商务厅、潍坊市人民政府主办，中国服务贸易协会电子商务专业委员会、潍坊跨境电子商务研究院承办的首届潍坊国际电子商务博览会开幕。

首届潍坊国际电子商务博览会以"电商世界·创赢未来"为主题，展览面积20 000平方米，亚马逊、eBay、京东、Lazada、阿里巴巴速卖通、拼多多等知名电商平台及500家参展企业云集，到会国内外知名采购商超500人。

潍坊市商务局局长冯波在大会上表示，2020年4月，潍坊获国务院批准，建设中国（潍坊）跨境电商综合试验区。3年来，潍坊市跨境电商进出口额从获批当年的1.4亿元，到2021年突破230亿元，再到2022年突破390亿元。此外，大会同步举办了跨境电商业务对接专场和2023世界电子商务大会。在跨境电商业务对接专场中，20多家企业与平台卖家达成进厂实地考察意向，14家与平台卖家达成意向合作，意向成交额2300多万元。

资料来源：李云琦. 首届潍坊国际电子商务博览会开幕, 跨境电商云集. 新京报, 2023-05-26.

第四节 会展营销的发展及趋势

一、会展营销的发展现状

(一)国外会展营销现状

20世纪90年代至今,随着世界经济的快速发展和经济全球化的加速,全球会展行业迎来了新一轮发展机遇,会展企业实力不断增强,会展营销的竞争也日趋激烈。除了传统的营销理论,服务营销、关系营销、网络营销、绿色营销等新的营销理论也广泛应用于实践中。在营销手段上,电视、广播、报纸、杂志等传统的营销方式已经不能满足会展领域的需求。在移动互联网时代,利用网络手段进行会展营销逐渐成为会展营销的重要方式,主要包括网络营销和社交媒体营销两部分。

会展业发达国家对会展行业一般都实施了规范的管理,展览业有专门的管理部门,会议业最常见的是和旅游业归并在一起统管,开展整体推广和宣传活动。上至政府,下至企业,有着比较明确的会展营销概念,并且在实际工作中综合应用了大量卓有实效的营销方法。

(二)国内会展营销现状

我国正处于会展业高速发展时期,但会展管理水平还比较低。虽然会展经济在国民经济中的重要作用已经引起了中国政府部门、学术界和行业人士的高度重视,有关部门也积极开展与德国、美国等国家和地区的专业公司的合作,但在会展营销方面的总体水平仍然不高,与会展业发达国家还有一些差距。

第一,我国在会展营销方面存在理念落后、营销渠道不畅、网络不完善、资源利用不充分等问题。在会展的战略定位、产品开发、具体的宣传推广方式上还有很多可以改进和创新的地方。

第二,我国会展公司普遍缺乏品牌意识,会展企业鱼龙混杂,竞争无序,行业缺乏品牌企业和品牌会展,缺少领头羊,造成整个行业的效率较低。

第三,我国政府、协会、企业合作以及与国际组织的合作不够,协会组织没有在会展营销中起到主导作用,行业协会组织涣散,力量薄弱,缺乏有权威的全国性会展协会组织。

第四，我国会展营销从业人员素质不高，缺乏全行业性的从业人员资格认证和资信评估体系，以及既了解国际惯例且又富有操作经验的人才。

二、会展营销的发展趋势

随着数字技术、网络技术、大数据、云计算和AI新技术的发展，以及即时通信、微信、微博等不断出现，会展营销沟通方式也在发生变化。会展线上和线下营销扩大了会展信息传播的广度，大数据、云计算、人工智能技术的运用提高了会展的精准营销。

网络数据分析是实现这种营销方式的关键。通过对顾客的网络行为，例如浏览信息、搜索的关键词、浏览时间、点击频率、顾客反馈等内容的分析，了解顾客需求，生成顾客画像。一方面可以对网站的营销效果进行分析，有利于更有针对性地对网站的有关内容进行改进。另一方面能够对潜在客户进行个性化营销，如果顾客感到自己能够影响网站的内容，那么会展活动将与顾客建立一种特定的关系。社交媒体的发展为会展营销提供了机会，会展营销者需要有敏锐的观察力，能够在社交网络中，在个体和群体间传播积极的信息。

在"互联网+"的大背景下，新技术要求会展营销机构转变思路，有效利用网络技术、大数据、人工智能等技术手段，实现会展精准营销，促进传统营销方式与互联网技术的融合发展。

> **知识链接** | 2023印尼电商选品展圆满收官　观众专业聚集订单不断

2023年9月25—27日，由中国贸促会商业行业委员会、山东省贸促会、江苏省贸促会、江西省贸促会、长沙市贸促会联合主办的"2023中国国际电商产业博览会暨印度尼西亚选品展览会"（CIEIE EPSE 2023）在印尼雅加达展览中心（JIExpo）举办。本届展会聚集中国近20个省市和海外共200余家展商参展，逾35 000名观众到场共享贸促信息盛宴，共同谱写跨境电商蓝海新篇章。

展会人气爆棚，采购商类型丰富。到场观众及采购商中，品牌商占 13.81%，经销商占 7.48%，贸易企业占 6.66%，批发商占 6.65%，电商企业占 4.94%。消费类电子产品、家居用品以及纺织用品、箱包用品、美妆成为最受欢迎的人气展区。56% 采购商拥有决策权，其中，16% 的采购商为公司所有者（董事长/首席执行官），11% 为行政主管，11% 为经理，9% 为副总裁（区域总经理/董事），9% 为部门负责人。

三天展会，现场订单不断。湖南冠超智能科技有限公司总经理贺耿表示："展会整体感受很好，人流量大。通过本届展会已经成交 8 个订单，成交的订单预付金额达上千美金，客户付尾款后交易金额大约在 40 000 美金。我们也积累了近 30 个意向客户，后续有望拿下更大订单。"以 CIEIE EPSE 2023 为依托，湖南省机械设备进出口有限公司于展位现场接待客户 30 多批次，达成意向合作订单 3 个，现场签约订单 1 个。在对客户工厂进行实地考察，详细了解其业务构成、管理运营、财务资信等状况后，湖南省机械设备进出口有限公司与客户签订了为期三年的长期供货合同，三年总出口额预计为 900 万美元左右，未来将给印尼市场提供涵盖国内商品选品、采购、出口、国际物流等一站式全流程服务。

本届展会采购商规模大及专业性强、现场成果丰硕、展后数据分析精准等亮点都离不开数字营销手段。本次展会在展前、展中以及展后均通过国内主流媒体（包括国际商报、中国经济新闻网、中国商业观察网、《经济日报》、CCTV 品牌中国等）、行业媒体、自媒体等进行不间断线上数字营销，经统计，宣传文章近百篇。除此之外，CIEIE EPSE 2023 还邀约印尼当地以及国际多家重量级媒体广泛报道，代表性电视媒体 MNC，主流媒体《国际日报》《印华日报》《印度尼西亚日报》《印度尼西亚商报》等均进行线上推广。利用 Tiktok、Instagram、Facebook 等 200 多个账户通过视频、图片、直播等多种形式精准推流给专业采购商，做到精准数字营销。同时，专门设置观众在线报名系统，做到通过大数据精准推送以及展后数据自动分析。

资料来源：CIEIE 官方公众号. 行而不止 圆满收官 | CIEIE EPSE 2023 境外媒体报道精彩回顾；CIEIE EPSE 2023 展商现场签单不断，2023-10-16.

拓展案例

进博会 711 亿美元成交背后：230 家报名明年再来

图 1-5　第七届中国国际进口博览会

2019 年 11 月 10 日，第二届中国国际进口博览会（以下简称进博会）圆满结束，截至 11 月 10 日中午 12 时，第二届进博会累计意向成交 711.3 亿美元（按一年计），比首届增长 23%。首届进博会给不少参展商带来了好机会，这些"二刷"进博会的展商不仅扩大了参展面积，增加了销量，还表示"明年会再来"。

11 月 5 日至 10 日，《新京报》记者采访了十余名参加进博会的中外人士，他们中既有将进博会当做新品发布平台的外国大牌，也有第一次来中国寻找国内代理的中小厂商；既有希望借助进博会打响名气的销售人士，也有"海淘"新品希望找到好货的国内采购。

采访中，《新京报》记者发现，外国中小厂商将这次进博会变为了同行交流、寻找进入中国机会，以及为品牌"镀金"的平台，而大型展商则更多是借助这一平台发布新品，进行签约，以及与老客户交流感情。在各个行业的专业采购人士看来，进博会的商品虽然不如各自垂直品类的展会专业性强，但胜在大而全，且来的大多是热门商品，能代表潮流，展商负责人级别也更高，交易成功撮合的可能性更大。

第二届进博会企业展展览面积从27万平方米增至33万平方米，两次扩大，仍一展难求。曾经参加首届进博会并尝到"甜头"的老展商，是扩大展位面积的"主力军"。展位面积扩大的背后，是首届进博会对展商商品销售带来的拉动作用，展商们更想要占据"有利地形"，带来更多商品。

11月5日，在第二届进博会开幕式现场，《新京报》记者见到了澳优乳业董事局主席、澳优乳业（中国）有限公司董事长颜卫彬，他告诉记者，澳优去年在进博会上设有150平方米的展位，今年则把展位规模扩大到了300平方米，翻了一倍。"决定扩大展位面积的原因在于进博会对我们产品销量的影响，去年我们在进博会上带来了两款产品，这一年里我们这两款产品的销售相比去年同期增加了40%以上，所以今年我们扩大了展位规模，主展位依然是这两款产品。"

澳大利亚网红营养品牌Swisse也扩大了参展面积。11月8日，《新京报》记者来到Swisse展台发现，由于是"网红"产品，前来咨询的观众很多。Swisse中国公共关系高级经理聂鹏告诉《新京报》记者，去年通过参加进博会以及在中国其他渠道的发展，今年Swisse在中国的销售相比去年同期提高了19%，"在进博会上，各个行业各个渠道的客户都曾来我们的展位咨询，比如大中型跨境电商、地区性质的跨境平台，还有一般贸易，线下销售的客户、中小型的个人店等。去年我们的展位有120平方米，今年扩大到了150平方米。我感觉今年进博会更大了，大家也更重视，很多国外品牌把最新的技术和展示带到了这里。"

不少大牌企业将进博会作为发布新品、展示最新技术的平台。中国国际进口博览局副局长、国家会展中心上海有限公司董事长孙成海披露，第二届进博会上新品发布平台共组织53场发布活动，推出多项新产品和新技术，新产品、新技术发布数均超过首届。

韩国化妆品公司爱茉莉太平洋就在今年进博会上发布了新品艾诺碧（IOPE）第二代3D定制面膜。11月6日，爱茉莉太平洋展台工作人员向《新京报》记者展示该产品时，只使用手机对脸部进行拍照，就生成了记者脸部的3D面膜图形。该工作人员介绍，本次发布的第二代3D定制面膜的打印速度比第一代要快5倍。

爱茉莉太平洋旗下拥有雪花秀、兰芝等多个国内民众耳熟能详的韩国化妆品品牌。"此次来到进博会，我们展位的主要目的不是以招纳采购商为主，更多还是为了展示我们的综合形象。"爱茉莉太平洋展位工作人员告诉记者，"中国是我们最大的海外市场，此次集团带来了近 400 件展品，品牌和展品数量均比去年翻番。"

寺库集团赋能生态云 CEO 杨静怡此次也来到进博会现场作为采购方逛展会，她告诉《新京报》记者，外国品牌进入中国一般分三个阶段：初级阶段是通过非官方渠道，例如代购海淘等，在线上进行试水；第二阶段是当发现产品适合中国消费者时，招募中国总代理，并让该代理经销商负责产品在中国的零售渠道铺设、物流、基础品牌宣传等；第三阶段则是中国总代理做得特别好的时候，选择撤销代理，直接来中国开分公司，运作中国区的产业。"对于我们来说，第三个阶段可以直接进行沟通，而第二个阶段就需要总代理来做一个桥梁"。

《新京报》记者了解到，当外国品牌有中国代理商时，经销商、采购商可以和代理沟通，终端客户再通过经销商的平台购买商品，但对于不少首次进入中国的外国展商而言，中国代理还在招募中，进博会成了这批外国展商直接和经销商甚至终端客户接触的珍贵机会。

中国国际进口博览局副局长孙成海表示，为期 3 天的供需对接会上，来自 103 个国家和地区的 1367 家参展商、3258 家采购商进行了多轮"一对一"洽谈，达成成交意向 2160 项。

除了正式公布的洽谈外，更多的洽谈发生在展会上买卖双方的交流沟通阶段。11 月 7 日，《新京报》记者在食品展区见证了物美集团与乌克兰果条品牌"蜗牛鲍勃"进行商务洽谈的过程。在 40 分钟的商业洽谈里，双方对产品的价格、包装设计、原料构成进行了细致的探讨，并互相留了联系方式。

北京物美商业集团百货采销部总经理陈华表示，除了大厂品牌外，进博会上也有很多在国内知名度不太高的外国品牌，但如果仔细"海淘"也能淘到好东西。在物美和"蜗牛鲍勃"的洽谈中，陈华对该产品的具体成分非常关心，"比如我是负责母婴的，我就要看东西是否符合孩子，孩子的东西入口要谨慎，安全是第一的。"

北京物美商业集团负责海外直采的员工李佩容告诉《新京报》记者，由于每个买手负责的垂直品类不同，所以进博会这类"大而全"的博览会难以完全覆盖某种专属垂直品类的全部商品,"比如我要买具体的某个小众新品可能还要到专业食品展会上去看,但进博会可以告诉我们什么最热卖,什么商品最适合中国,从这里可以看到一些潮流"。

李佩容表示,她在进博会上与许多品牌进行了洽谈,"例如乌克兰的果条,波兰的牛奶等,但对于刚刚认识的产品,我们需要回去做功课,再找机会进行深谈。在展会期间,更多的是一个交换名片的过程"。

在杨静怡看来,进博会更适合综合类的平台,"如果参加专业展会,可能我只能看到箱包、珠宝等,但在进博会上我能看到更加齐全的品类。此外,由于进博会上展商们来的负责人级别较高,许多生意洽谈的成功率往往更高"。

资料来源:罗亦丹.进博会711亿美元成交背后:230家报名明年再来.新京报,2019-11-10.

本章核心概念

会展营销 MICE marketing **营销组合** Marketing mix
会展 7Ps
产品(Product) **价格**(Price) **渠道**(Place) **促销**(Promotion)
人员(Participates) **有形展示**(Physical evidence) **过程**(Process)
参展商 Exhibitor **参加者** Attendee

进阶讲堂

会展营销发展现状

本章习题

一、简述题

1. 什么是会展营销?
2. 会展的功能价值有哪些?
3. 举办一次大型的展览会,通常会牵涉到哪些会展营销主体?

4. 简述会展营销未来的发展趋势。

二、实训演练

活动主题：认识会展营销。

活动目的：增加感性认识，实地体验会展营销。

活动流程：

1. 将全班分成若干小组，4～5人为一组，以小组为单位进行活动，参观一次大型展会活动。

2. 调研并分析展会分别提供了哪些产品与服务，具体运用了哪些营销方法提升展会效果。

3. 以小组为单位提交书面调查报告。

4. 老师对其进行评价和质量评分，并计入总成绩。

老师评价

第二章

会展营销信息与调研

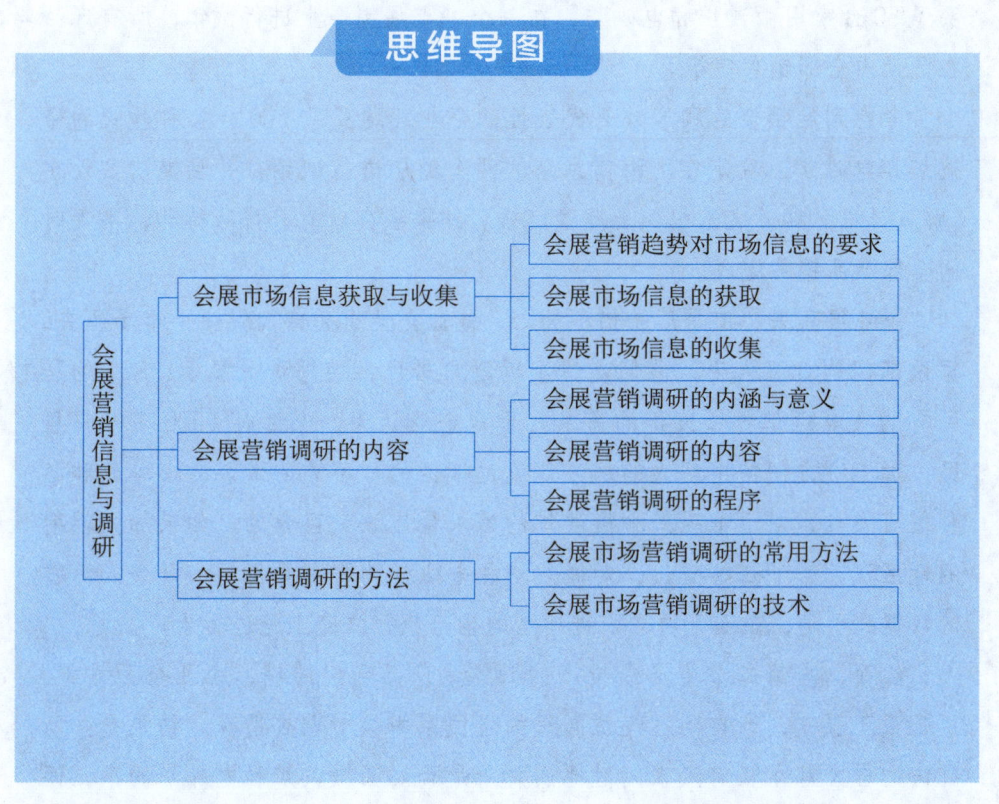

🎯 **学习目标**

- 了解会展市场信息的分类收集
- 理解会展市场营销调研的主要内容
- 掌握会展营销调研的程序
- 掌握会展营销调研的方法与技术

案例导引

早在十几年前,上海的一家企业决定上马新型电器厨具。企业首先购买了50台家用微波炉和电磁炉,在一个基点展销会上进行试销,所有产品在3天内全部销售完毕。

考虑到展销会的顾客缺乏代表性,企业又购买了100台各种款式的微波炉和电磁炉,决定在上海南京路的两个商店进行试销。并且提前3天在《解放日报》和《文汇报》上登了广告。结果半夜就有人排队待购,半天时间全部产品销售完成。

企业很高兴,但是厂长仍不放心。他让企业有关部门做一个市场调查,据该部门的负责人说,他们走访了近万户居民,数据统计显示,80%的居民有购买电磁炉和微波炉的需求。于是企业认为,上海有1000多万户居民,加上不方便使用明火的地方、边远地区的、不方便做饭的小单位和各种值班人员,对于电磁炉和微波炉的需求量应该是巨大的。如果加上辐射的地区江苏、浙江等省份,对微波炉和电磁炉的需求量将是一个令人惊喜的数据。于是,企业下决心引进新型的生产线,立即上马进行生产。

然而,当第二个生产线投产的时候,产品已经滞销,企业全面亏损。厂长很不服气,亲自到已经访问过的居民家中核对调查情况。结果是:所拜访的居民都承认有人来问过他们关于是否购买微波炉和电磁炉的事,而且当时都认为自己想买。但是后来却都没有买,问其原因,居民的回答各种各样。有的说,原来指望儿子给钱,可是现在儿子不给钱买了;有的说没有想到现在收入没有那么好;有说单位给安装了煤气等等。微波炉和电磁炉生产线只能停产。

课前讨论：
1. 上海这家工厂的问题出现在什么地方？
2. 如果你来进行这个市场调查活动，你将会怎么做？

第一节　会展市场信息获取与收集

会展市场信息对于会展营销战略的制定至关重要。会展营销主体要关注信息获取的方法，在此方面投入大量时间、人力和资金，提升其经营和竞争能力。

一、会展营销趋势对市场信息的要求

在竞争激烈的市场经济中，企业必须拥有及时、全面、准确的信息以确保稳定发展。在制定营销战略和应对市场环境时，需要收集广泛且准确的市场信息，并进行深入分析。只有充分了解市场信息，才能把握市场机遇，制定科学的营销策略。会展市场营销活动呈现以下三种发展趋势，凸显了市场营销信息的重要性。

（一）从价格竞争发展到非价格竞争

低价竞争虽能提升展位销售，但可能损害企业利润，不利于长远发展。参展企业更倾向于提升形象而非节省成本，更看重特色鲜明、服务周到的会展项目，会展市场从价格竞争发展到非价格竞争。随着企业采用品牌、广告、促销及产品差异化等市场营销工具时，需要更全面的信息以制定相应竞争战略。

（二）从本地市场发展到全国市场乃至国际市场

随着市场范围的扩大，制定营销策略变得更加复杂。一旦策略偏差，后果将更为严重。因此，企业需要获取更多更全面的会展市场信息。

（三）从满足参展企业的需要发展到引导参展企业的欲望

随着参展企业需求的不断提高，会展组织者面临更高的服务要求。会展组织者在满足企业基本需求的同时，需要引导并主导其参展行为。因此，会展组织者需要进行市场调查，以获取相关营销信息，从而设计出符合市场需求的会展项目。

二、会展市场信息的获取

资料根据来源和性质可分为一手资料和二手资料。一手资料是从市场直接获取的最新信息，通常由本企业完成或委托调查公司完成。二手资料则是经过整理多次使用过的信息，通常来自于本企业和其委托单位之外的渠道。

（一）一手资料的获取

当企业发现产品具有市场潜力时，可使用二手资料进行分析。如果无法从二手资料得到确切答案，只能通过直接与参展企业接触来了解，即一手资料需要通过本企业自行市场调研或购买专业调研机构的数据来获取。

（二）二手资料的获取

1. 二手资料的来源

政府部门和行业协会、展览业协会提供的统计数据和贸易协助是可利用的二手资料源。除政府资源外，许多组织也能为国际市场推广提供资讯，这些组织包括国际性组织和私人商业组织。

2. 二手资料的处理

通过上述途径搜集到二手资料后，在使用这些资料时，有两个问题必须引起企业的高度重视：一是检查资料来源及品质。对于检查资料的来源，要弄清楚搜集者，搜集的目的和搜集的方法；对于资料的品质，要清楚资料是否具有时效性和关联性。二是对资料进行解释和分析，确保有效性和可靠性。研究人员需要充分了解企业的政策、策略、研究背景和任务。资料分析完成之后，研究人员应请专家审查，或将结果与其他资料进行比较，确保数据准确性。

三、会展市场信息的收集

会展营销信息是指会展企业为有效开展会展营销需要收集、处理的相关信息，包括宏观环境信息和微观环境信息。对相关信息进行收集和分析，可以寻找到合适的市场机会。

（一）宏观环境信息

宏观环境是指对会展营销可能产生影响，会展企业不能控制的外部力量，包括社会经济环境、技术环境、政治法律环境、文化环境和自然生态环境信息等。

（二）微观环境信息

微观市场环境是指对办展机构举办会展构成直接影响的各种因素。这些因素包括办展机构内部环境、目标客户、竞争者、营销中介、服务商和社会公众等。

1．办展机构内部环境

办展机构内部环境指的是办展机构内部所具备的各种条件，包括资金、人力、物力以及所掌握的信息源和能联系的社会源等。

2．目标客户

目标客户指的是会展的潜在参展商和潜在观众。

3．竞争者

竞争者指的是与本会展有竞争关系的其他同类会展。

4．营销中介

营销中介是受办展机构委托的，或者是协助会展进行宣传推广和招展招商的中介组织和单位、招商代理以及广告代理。

5．服务商

服务商是受办展机构的委托，为会展提供各种服务的机构，包括会展指定的展品运输代理、负责展位的展位承建商、提供旅游服务的旅行社、提供住宿服务的宾馆酒店，以及提供会展物料印刷和观众登记的专门服务商等。

6．社会公众

社会公众是指对会展实现其目标具有实际或潜在影响的群体。

第二节 会展营销调研的内容

营销调研是为企业解决所面临的市场营销问题服务的，它为企业的决策者提供所需的决策信息，是企业营销中一项目的性很强的活动，是企业的重要营销职能之一。营销调研也是一项系统性较强的工作，它根据企业所要解决的营销问题，设计调研计划，按照调研计划的要求收集相关的信息，并对收集到的信息进行分析处理，最后为相关的决策部门提供调研报告。

一、会展营销调研的内涵与意义

（一）会展营销调研的内涵

会展营销调研是指会展活动的组织者利用市场调查的方法和手段，对与本会展项目相关的会展市场情报进行系统的收集、整理、分析和评价，旨在为组织制定营销决策提供科学依据的活动。这一定义可从以下三方面进行理解：会展营销调研是一个动态过程，旨在为处在动态市场竞争环境中的会展主办方制定营销决策提供依据；会展营销调研的成果既可以是直接的调研统计数据，也可以是市场调研分析报告；会展营销调研要有明确的调查目的，利用特定的调研方法与手段，以取得调查结果的客观性和准确性。

（二）会展营销调研的意义

通过营销调研，企业可以获得市场营销决策相关的信息。通过对这些信息资料的描述和分析，会展企业能够评价自身的营销状况，发现存在的问题，把握营销发展的趋势和方向。在国外，会展企业、行业协会或政府部门对会展市场营销调研工作十分重视。在我国，许多会展企业虽然对会展市场调研的意义有一定认识，但是在实际利用会展市场调研方面仍相当薄弱。因此，认清会展市场营销调研的意义显得十分重要。营销调研在会展企业市场营销中的意义和作用，主要表现在以下几个方面。

1. 有助于会展企业了解会展市场态势和发现市场机会

会展市场是瞬息万变的，而会展市场营销调研本身作为一种管理工具，强调会展企业在整个营销过程中都要时刻注意了解市场动向，把握机会，发现会展营销中的失误，随时改进会展企业营销活动，使会展企业的经营活动更好地满足参展企业的需求。因此，会展企业通过会展市场营销调研可以及时了解会展市场发展态势，掌握会展营销环境、会展市场需求状况的有关信息，分析有利于企业自身发展的市场机会。

2. 有助于会展企业进行科学决策

从宏观环境来说，我国长期受计划经济体制的影响，企业对市场营销调研缺乏必要的认识，对市场的认识与把握不足。会展企业也经常因为缺乏进行市场营销调研工作，采取一些盲目的营销行为而造成巨大的损失和风险，甚至失去大量的市场机会。在全球经济一体化的今天，我国会展企业不仅要立足于国内市场，还要放眼于世界市场。尤其是随着中国加入世界贸易组织，会展企业面临着更大的机遇与挑战，会展企业必须对会展市场有格外清醒的认识，要善于利用会展市场营销调研这一工具，根据会展营销环境的变化来调整自己的营销策略。

3. 有助于提高会展企业的竞争力

市场经济离不开市场竞争，现代市场的竞争实质上是信息的竞争，谁先获得了重要的信息，谁就将在市场竞争中立于不败之地。信息这一重要资源的流动性弱于其他的生产要素，一般只有通过企业主动调研才能得到。此外，由于市场不断变化，企业要想在激烈的市场竞争中取胜，必须随时关注市场的变化。因此，在激烈的会展市场竞争中，会展企业必须通过市场营销调研系统，掌握竞争者信息和其他相关信息。根据会展市场的变化、竞争者的动向和消费者的偏好，不断地提高产品和服务的质量，制定具有竞争力的会展市场营销策略。通过提高企业的应变能力和适应能力，确立会展企业的竞争优势，从而在激烈的市场竞争中立于不败之地。

4. 有助于充实与完善营销信息系统

会展市场营销调研工作是对相关会展市场营销信息广泛深入地调查与分析的过程。因为会展市场营销调研是一项基础性的长期工作，可以系统地、持续地收集大量有价值的信息。这些信息被输入会展市场营销信息系统后，可以使营销信息系统的内容日益充实与完善，更好地为会展企业的发展服务。

二、会展营销调研的内容

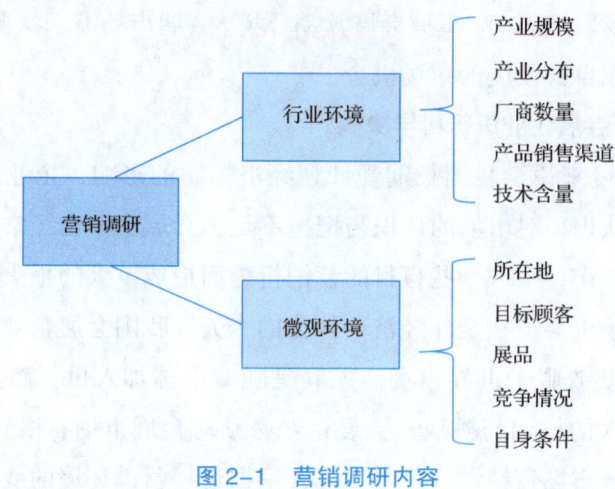

图 2-1　营销调研内容

（一）展会行业环境调研

1．产业规模

产业规模主要是指该产业的生产总值、销售总额、进出口总额和从业人员数量等。这些信息是策划举办会展时需要参考的重要数据。

2．产业分布情况

了解产业的分布状况主要是为展会的招展和宣传推广奠定基础。了解产业的分布状况，不仅要了解该产业的产品分布及地区的分布、厂商数量及分布，还需要了解产品销售模式及其成熟度等。

3．厂商数量

从理论上说，一个产业拥有的厂商数量就是即将举办的展会的潜在参展商和专业观众的数量。

4．产品销售渠道模式

销售渠道就是将商品快速送到每一个目标终端消费者的沟渠或道路。产业的产品销售模式及其成熟度对举办展会的影响较大。

5．技术含量

技术含量是指展品以及生产设备所需要的技术的难易程度、它们的体积大小和重量及展览展示技术含量等。

（二）展会微观环境调研

1．展会所在地调研

展会所在地调研包括各种条件，如区位、资源等条件，地方相关政策法规、时空适应性，人们的观念等。

2．目标顾客

目标顾客主要是指参展商和专业观众。对于目标顾客的调研，主要回答三个问题：谁是我们的目标顾客？目标顾客有何需求？目标顾客的需求量有多大？

3．展品调研

展品调研包括展品范围等信息。通过科学的分析，可以实施差异化的市场营销，提升市场竞争力。

4．竞争情况调研

竞争情况调研包括同类展会的数量、区域分布情况、同类展会的结构（参展商的结构、展品范围、展区划分等），同主题的品牌展会的成功经验、失败教训等，以及同类展会之间的竞争态势等。

5．展会组织者/经营者自身条件的调研

展会组织者和经营者自身条件的调研包括人、财、物、信息等资源及其整合能力和运营效率，品牌形象、市场地位及发展潜力、创新能力、对市场的反应能力等。

三、会展营销调研的程序

会展营销调研需要建立系统、科学的程序，合理安排调研流程，以提高调研效率和质量，避免资源的浪费。其基本步骤包括确定调研目标、制定调研方案、实地调研、整理分析资料和撰写调研报告。

（一）确定调研目标

为了有效展开调研工作，必须明确调研目的、要解决的问题以及调研结果对会展主办方的作用。首先，要明确调研目的，这是一个由抽象到具体的过程。其次，需要限定调查范围，找出最需要解决的问题，并确定调研的主要目标。

最后，为了确保调研目标的准确性，可以进行预调查，包括调研展会内部资料、深度访谈等，逐步缩小调查范围，锁定调研目标。

（二）制定调研方案

确定调研目标后，需要制定具体的调研实施方案，这是调研工作的行动纲领。一般来说，调研方案包括调研目的、调研内容、调研方法、调研区域和对象、调查人员、调研费用和进度安排等内容。

1．确定调研目的和内容

调研目的是指解决的问题和目标，调研内容是对目的的细化。需要将目的具体化为可调查的操作变量，列出调研项目的细目。

2．确定调研方法

确定调研方法是根据调研目标和任务，选择文案调查法、询问法、观察法、实验访谈法等方法。

3．确定调研区域和对象

确定调研区域和对象指的是解决调研范围和调查对象的问题，根据目的和内容确定调研范围和总体对象。

4．确定调研人员

确定调研人员是会展营销调研中关键的一步，直接影响调研效果。调研员应具备以下条件：具有亲和力和良好心理素质；了解调研目的和问题；掌握面谈技巧；善于观察被访者心理变化和行为动机；能正确表达所收集的资料；具有市场调查和会展营销调研的知识和经验。为确保调研质量和效率，调查组织者应在调研前对调研员进行集中培训，包括调研方案、调查技巧以及与调研主题相关的知识等。同时，还应进行实操训练，模拟实际调查情境，培养调研员的实际问题处理能力。

5．调研经费预算

经费包括调查费、分析费和购买专业调研机构资料费。调研组织者应核定各项费用支出，合理编制经费预算。

6．制定调研进度时间表

为了保证调研工作顺利进行，需要制定好调研的流程和时间安排。

(三) 进行实地调研

实地调研阶段的主要任务是组织调研员深入现场，按照调研方案系统收集资料，基本程序包括以下方面。

1. 招募调研员

进行调研员集中培训，确保他们熟悉调研内容和规程，保证工作规范性。

2. 准备调查所需的资料和物品

调查所需的资料和物品包括调查提纲、问卷、摄影设备、录音笔、小奖品。问卷事先编号，记录每位调查员负责的编号区间。

3. 现场调查

调查员应遵守规范，运用技巧，在确保真实性的前提下提高问卷回收率。之后填写问卷收发表，记录发放和回收情况。

4. 现场秩序督导

配备督导员负责培训、指导调查员，监督调查秩序，审查结果，定期讨论，解决问题。

5. 问卷核查

对回收的问卷进行核查，发现问题立即订正或重新调查。核查后分为有效问卷、无效问卷和疑似无效问卷，处理疑似无效问卷需慎重，空白、逻辑错误、字迹不清的问卷应经督导员确认后作为无效问卷处理，并记录原因。

(四) 整理分析资料

1. 编校

对收集的资料进行校对核实，剔除错误部分和不符合实际的内容。

2. 归类

将经过编校的资料归类，以便录入计算机处理。

3. 制表

将归类的资料制作成各种统计图表，方便后续资料分析使用。

4. 资料分析

对问卷调查得到的数据进行统计分析，是会展营销调研的重要内容。通常采用数理统计方法，包括描述统计、交叉列表、推论统计、多元统计等，可使用软件 SAS、SPSS 等进行分析，也可在 EXCEL 中进行简单的统计分析。

（五）撰写调研报告

会展营销调研结果通常以调研报告形式提交给主办方决策部门。报告撰写应遵循客观、真实、准确的原则，内容简明扼要，重点突出，结论和建议罗列清晰，包含必要的图表和附件，结构完整，印刷美观。其中调研报告的结构一般包括以下几个部分：

第一部分：前言。

封面——调查目的——调查对象——调查范围——摘要——目录。

第二部分：报告正文。

调查目标；调查时间与地点；调查组织者；调查方法：包括资料来源、采用哪些调查方法、调查步骤、材料整理采用的统计方法等；调查结果描述与分析：对主体部分中的数据、表格及对它们的解释、分析，要用语准确、符合逻辑。

第三部分：结论与建议。

根据调查结果分析总结出主要结论，并结合企业或客户现实情况明确其面临的优势与困难，提出解决方案。

第四部分：附件。

包括调查问卷、抽样名单、相关统计表格、检验计算过程与结果等。

 知识链接 | 2021 年南京软博会参展观众调研统计图

▶ 观众按部门分类统计

- 采购部：9.26%
- 项目部：15.72%
- 管理层：15.72%
- 研发/开发部：11.28%
- 生产/技术部：14.63%
- 设备管理：8.65%
- 设计部：6.23%
- 销售/市场部：16.21%
- 检测/质量控制：9.27%
- 其他：1.87%

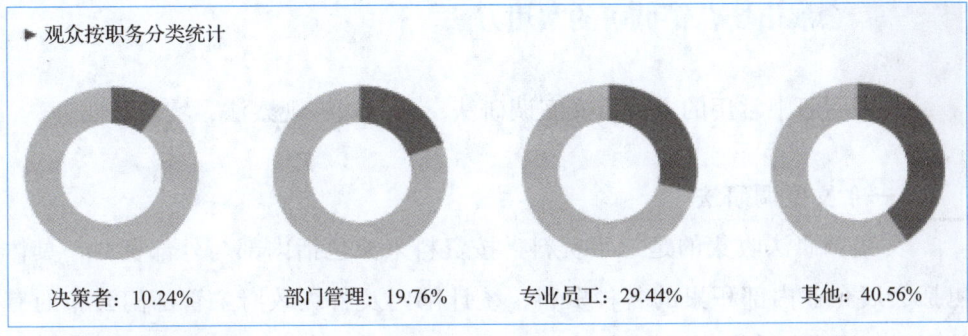

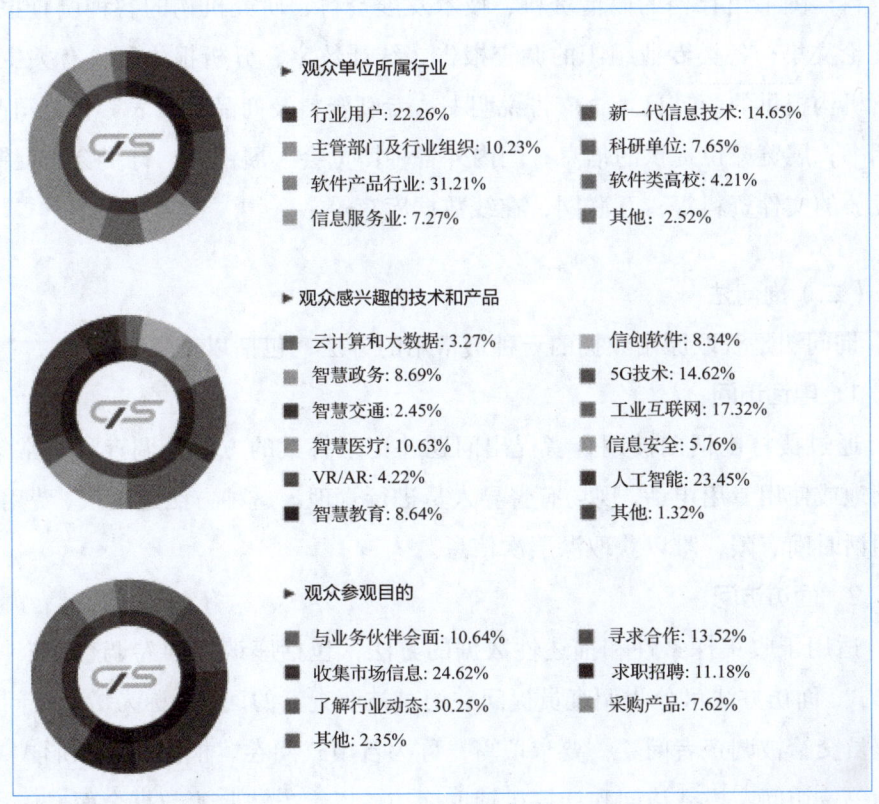

第三节　会展营销调研的方法

　　会展市场营销调研是指运用科学的方法，收集、整理和分析有关会展营销活动方面的信息，为会展项目经营决策提供依据。

一、会展市场营销调研的常用方法

营销调研中常用的方法有文案调研法、询问法、观察法、实验法四种。

（一）文案调研法

文案调研法收集的是二手资料，按资料来源包括内部与外部资料，具体包括会展企业内部积累的各种资料；统计部门及各级政府主管部门公布的有关资料；图书馆存档的商情资料、技术发展资料、研究机构的各种调查报告、研究论文集；各类专业组织的调查报告、统计数字、分析报告等；有关生产、经营机构提供的商品目录、广告说明书、专利资料及商品价目表等；公司产品说明书；展览摊位提供的信息；国内外各种博览会、展销会、订货会等促销会议发放的文件资料等；互联网、在线数据库存等。

（二）询问法

询问法是获取原始数据的一种最常用的方法，包括以下三种类型。

1. 电话访问

通过拨打电话向被调查者提出问题并记录答案的方法。调查员通常集中在某地或使用专用电话，现场有督导人员进行管理。这种方法速度快、费用低，但通话时间有限，难以获取深层次信息。

2. 面访访问

适用于收集探索性和描述性数据的方法，包括座谈和问卷调查。根据问卷形式，面访方法可分为调查员提问并记录被调查者的回答，称为访问式问卷。调查员交给被调查者问卷，要求填写，称为自填式问卷。根据地点和形式，可分为单位访问、拦截访问和计算机辅助面访。以上方法收集数据全面，信息真实，但成本较高。

3. 邮寄调查

调查人员将设计好的问卷邮寄给被调查者，要求填写后寄回。这种方式覆盖范围广、成本低，但回收率低、时间长，调查者难以控制回答过程。

（三）观察法

观察法是会展调研人员到现场进行观察和记录的一种市场调研方法。这种方法可直接感知现场情况，也可利用照相机、录音机等设备进行间接观察，以获取真实信息。优点在于被调查者通常没有察觉，表现更自然真实。但观察法无法观察到行为内在因素，如情感、态度等，应与其他方法结合使用。

（四）实验法

实验法是指会展调研人员将调研对象置于特定的控制环境中，通过控制变量和检验结果发现因果关系的一种调查方法。对于实验法的管理和控制相对容易，所得资料较为客观。

二、会展市场营销调研的技术

进行会展市场调研不仅要选择合适的调查方法，还要善于运用调研技术，包括抽样调查技术和调查问卷设计技术。

（一）抽样调查技术

由于会展市场营销调研项目涉及多方面，受到调研经费限制，通常采用抽样调查获取信息。这种方法从总体中随机或非随机抽取样本进行调查，然后推断总体情况。随机抽样是指按随机原则从总体中抽取样本，样本的选择不受主观意愿影响，每个单位有相等的抽取机会。非随机抽样则是指调查人员根据主观选择抽取样本，不遵循随机原则。关于抽样标准，如果所选取的样本能再现总体的结构，那么对总体的代表性更加具有说服力。如在校园调查中需要考虑到不同的性别、年级、专业等。在展会调研中需要考虑到不同的参展商规模、区域、展品类别等。

（二）调查问卷设计技术

调查问卷是会展营销调研中最常用的方法，设计一份科学合理的调查问卷关系到会展调研的效果。

1．调查问卷的结构

一份调查问卷包括标题、封面信、调查内容、被调查者基本情况几个部分。

（1）标题

问卷标题应由调查对象、内容、调查问卷组成，例如"第六届中国国际食品餐饮博览会参展商满意度调查问卷"。

（2）封面信

封面信一般包括称呼与问候、调查目的及意义、承诺信息保密、表达感谢等。

 知识链接 | 封面信

尊敬的参展商：

您好！

感谢您参加本届博览会，为了进一步提升我们的服务质量，提高您的满意度，请您在百忙之中填写本调查问卷。调查数据仅作研究之用并做严格保密，回答无对错之分，感谢您的合作！

（3）调查内容

这一部分是问卷最重要的内容，主要包括调查问题、选项答案和相关回答等，其中调查问题主要有封闭式和开放式等形式。

封闭式问题易于作答，节省调查时间，便于数据分析。常见的封闭问题主要有：二项选择法，即调研人员就一个问题提出两个答案供被调查者选择；多项选择法，即对一个问题给出三个以上答案，被调查者可以任意选择其中一项或几项；顺位法，即为一个问题准备多项答案，被调查者根据重要程度选出先后顺序。

开放式问题则对提出的问题不设置选项答案，被调查者可以不受限制回答问题。通过设置开放式问题虽然可以获得广泛的信息，但是不便于数据整理和统计分析，应控制开放式问题的数量。

 知识链接 | 城市展览馆满意度评价和参观调查问卷

1. 您的性别

A. 男　　　　　　B. 女

2. 您的月收入

A. 2000～5000元　　　　　　B. 5000～8000元

C. 8000～15 000元　　　　D. 15 000元以上

3. 您的职业

A. 学生　　　B. 教师　　　C. 公务员　　　D. 企业单位人员

E. 自由职业

4. 您是否去过城市展览馆

A. 去过　　　B. 没去过

5. 请您选出较为满意的展区（多选）

A. 独特城市　　B. 品质生活　　C. 绿色家园　　D. 智创城市

6. 您认为还应提供哪些服务（多选）

A. 专题讲座　　B. 智慧服务　　C. 文创产品　　D. 其他

7. 您是否愿意为朋友推荐城市展览馆

A. 愿意　　　B. 不愿意

8. 您对城市展览馆有哪些建议？

2. 调查问卷的设计原则

设计会展营销调查问卷应遵循以下四个基本原则：

（1）准确性原则

这是问卷设计的首要原则。问卷需表达清楚，不能语义模糊，答案设置准确，避免相互交叉。

（2）简单性原则

问题设置通俗易懂，基本符合被调查者的知识水平和理解能力。控制问卷的长度，答题时间尽量保持在10分钟内，随机拦访问卷控制在5分钟内。

（3）逻辑性原则

先设置一般性问题，被调查者易于回答，思考性问题放在中间，排序符合逻辑思维顺序。

（4）中立性原则

在问卷中要使用中性词汇，避免使用诱导性或暗示性的词句。

上述为问卷设计的基本原则，问卷外观及版面设计也相当重要。因此，问卷应保证印刷精美，排版整齐。

拓展案例

展览业统计调查制度

一、调查目的

《展览业统计调查制度》从中国展览业发展实际出发，充分借鉴展览业发达国家的先进经验，建立以国民经济行业分类为基础，以展馆、展览组织单位和展览服务单位为主要调查对象的统计体系。为了解中国展览市场发展全貌，统计范围定义为在展览馆里举办的以产品、技术、服务的展示、参观、洽谈、投资、贸易和信息交流为主要目标的，有多人参与的群众性活动。因各类人才招聘会、画展、节庆活动等举办地点不固定，不在本制度统计范畴之内。

二、调查内容

调查内容由展览活动单位基本信息、境内展览会项目情况、展馆使用情况、展览服务企业情况和财务经营情况五大类统计指标构成。

三、调查对象和统计范围

从事展览业及相关经济活动的单位（企业），包括展览会组织单位，展览场馆和展览服务商。本制度适用于各地商务主管部门、展览活动单位（企业）、行业协会等。

四、调查方法

本调查采用重点调查与全面调查相结合的调查方法，对展览组织单位和展览服务商采取重点联系企业填报方式，对展览场馆采取全面调查方式。

五、组织实施

展览活动单位（企业）、行业协会等做好统计数据的报送，地方各级商务主管部门应按本制度的规定，负责组织、督促当地展览活动单位企业及时、准确地上报统计数据，并进行初核。商务部对各省级商务主管部门审核的统计数据进行核查、整理和分析。

六、数据发布

本制度取得的主要统计资料，通过商务部网站、《中国展览业发展统计分析报告》等公布。

资料来源：国家统计局 2022 年 3 月 3 日发布《展览业统计调查制度》。

本章核心概念

询问法　Interview　　观察法　Observation　　实验法　Experiment

问卷　Survey　　二手资料　Secondary data

本章习题

一、简述题

1. 结合会展营销发展趋势，简述会展市场信息的获取与收集的重要性。
2. 阐述会展营销调研的基本内容。
3. 简述会展营销调研的基本步骤。
4. 会展营销调研的方法有哪些？举例说明如何在会展调研过程中通过观察法搜集信息。
5. 调查问卷设计时应注意哪些问题？

二、实训演练

活动一

活动主题：认知会展营销调查。

活动目的：增加感性认识，掌握会展营销调查问卷和调查报告的撰写。

活动流程：

1. 将全班分成若干小组，4～5人为一组，以小组为单位进行活动，参观一次大型展会活动。
2. 掌握会展营销调查的内容和方法，问卷设计的题项和程序，做好知识准备。
3. 以小组为单位提交书面会展营销调查问卷和调查报告。
4. 老师对其进行评价和质量评分，并计入总成绩。

老师评价

活动二

活动主题：体验会展营销调查。

活动目的：增加感性认识，深入调研会展项目，实地体验会展营销调查。

活动流程：

1. 将全班分成若干小组，4～5人为一组，以小组为单位进行活动，参观一次大型展会活动。

2. 深入调研某一会展项目，并提出基于环境分析的营销对策。

3. 以小组为单位提交书面调研报告。

4. 老师对其进行评价和质量评分，并计入总成绩。

老师评价

第三章 会展目标市场战略

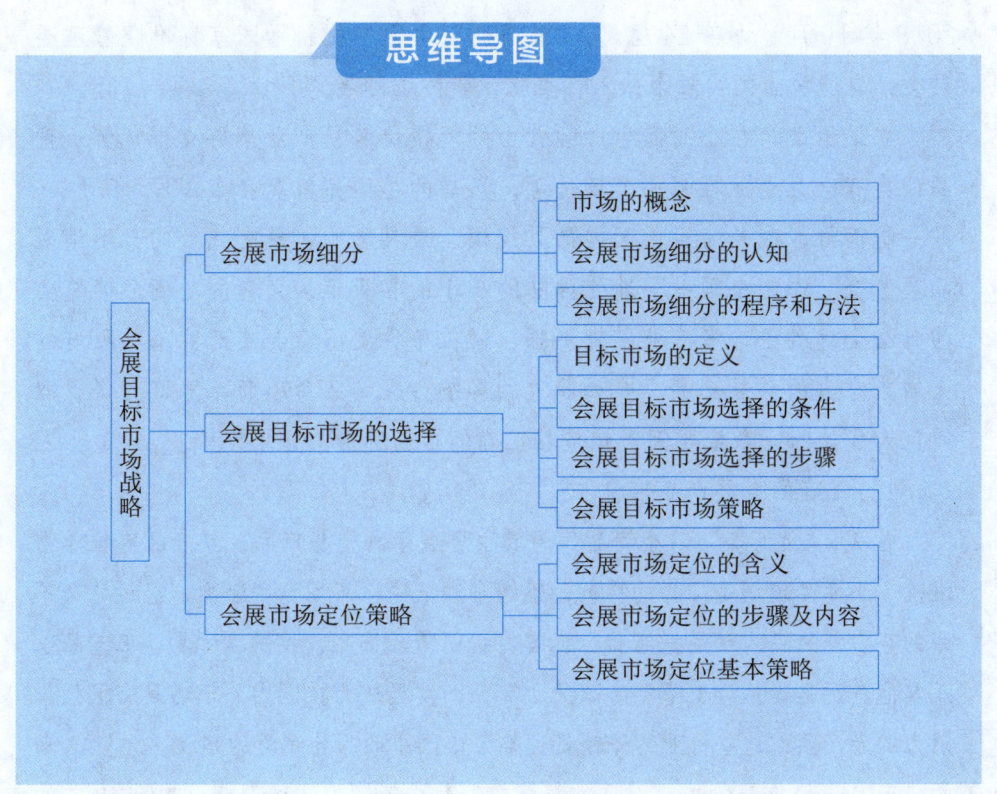

> 🎯 **学习目标**
>
> - 了解会展市场细分的定义、程序和方法
> - 熟悉会展目标市场选择的条件、步骤和策略
> - 掌握会展目标市场定位的内容、步骤以及基本策略

义乌小商品博览会的市场选择与定位

中国义乌国际小商品博览会（简称"义博会"）创办于 1995 年，是经国务院批准的日用消费品类国际性展会，由商务部、浙江省人民政府等联合主办，每年 10 月 21 日至 25 日在浙江义乌举行，已连续举办 23 届。自 2018 年 10 月举办第 24 届起，"义博会"主办单位新增国家标准化管理委员会，自此成为国内首个植入标准化元素的国际展览会。

立足于义乌在小商品生产经营上的规模优势、产业集群支撑优势、商品门类齐全且专业性强的市场优势，义乌的小商品博览会于 1995 年开展，并一炮而红，成长为目前国内最具规模、最具影响、最有成效的日用消费品展览会。作为全国一个地处内陆的小小的县级市，义乌的小商品博览会为什么会远胜于许多产业基础更强、区位条件更好、会展产业基础更好的大城市举办的会展产品，有如此大的影响力呢？义乌小商品博览会得以取得巨大成功的一个重要因素就是其正确的市场选择与市场定位。

1. 正确的会展产品定位

首先，"义博会"以小商品作为其主要展示和交易产品，其产品定位非常准确。小商品市场是义乌的特色，不嫌利润低微，不怕竞争激烈，经过持久不懈的努力，义乌人硬是把纽扣、标牌、编织袋、饰品、拉链、玩具、工艺品以及其他各种七零八碎、毫不起眼的小商品，发展成为在国内外市场具有很强辐射力的大产业；这些行业的外销量占整个中国小商品外销量的 80％ 左右。义乌的小商品不仅价廉物美，而且种类繁多、款式新颖、流通便捷。"义博会"的参展企业，99％都是制造商。因此，"义博会"的采购都是源头采购，成本低廉，获利极高，这对买家具有最大的吸引力，对境外客商也具有极强的诱惑力。

此外，"义博会"坚持办展与办会互动，以会议提升展览会档次和专业

性，以展览会增加会议内涵和效果，两者相得益彰。

2. "避强"与"渗透"并举的市场战略

"义博会"不与已有的"华交会"或"广交会"进行直接对抗，而是发掘自己在小商品生产与市场经营上的优势，做一些"人无我有，人有我优"的事情，在所有环节上千方百计降低成本，进行低价渗透。义乌不但小商品的价格低廉，而且市场的摊位租金也很低廉，这让全国乃至全球的商人源源不断涌向义乌，不知不觉中积累了更多的市场腾飞的要素。

3. 先国内后国际的市场开拓战略与国际化市场定位

义乌小商品展最早的定位是"中国最大的小商品博览会"，其主要目标市场是广阔的国内市场。随着义乌小商品博览会在国内外市场中的影响和辐射力日渐加大，义乌小商品博览会开始大量吸引海外客商；且义乌小商品博览会也已经在迪拜、印度等国开展，形成一个既能大量吸引海外参展商，又能在海外开展的综合性国际展览。

目前，常驻义乌的境外采购人员达8000余人，经登记设立的境外企业办事处939家，义乌海关日出口集装箱标柜达1000多只，年出口集装箱标柜40余万只。全球海运20强企业中有8家企业在义乌设立办事处。在新一轮会展城市间的竞争中，外交部、联合国难民署、家乐福亚洲总部先后在义乌市场建立了采购与信息中心，欧美等发达国家已日渐成为义乌主要出口市场。

"义博会"以"面向世界、服务全国"为办展宗旨，办展特色鲜明，国际化水平突出，信息功能强劲，服务体系完善，安全卫生保障到位，参展成效显著，是商务部举办的三大出口商品展之一，先后被评为中国十大最具实力贸易进出口展览会、中国管理水平最佳展会、中国（参展效果）最佳展览会、最受关注的十大展会、最佳政府主导型展会和中国十大最具影响力品牌展会等，并获得了国际展览联盟（UFI）的认证。市场与产业的良性互动标志着会展经济在义乌显示了巨大魅力。

资料来源：中国义乌国际小商品博览会官网。

课前讨论：
1. "义博会"为什么选择小商品市场作为自身的目标？
2. 比较"义博会"与"广交会"在市场选择中的不同。

第一节　会展市场细分

会展市场营销战略包括会展市场细分、目标市场选择与市场定位三个重要的部分。会展营销首先要进行市场调研，细分市场并确定目标市场，以实施有针对性的营销策略，这是成功开展会展活动的关键。

一、市场的概念

市场指的是产品或服务的实际和潜在购买者，且这些购买者具有购买的能力和意愿。市场也是商品和服务的买卖活动发生的场所或环境。市场不仅限于物理空间，还包括虚拟和电子交易平台。市场的核心要素包括需求方（消费者）、供给方（生产者或服务提供者）以及价格机制，这些要素在互动中形成商品和服务的交换过程。市场具备以下几个特征：

需求和供给：市场中存在买方和卖方，买方有购买某种商品或服务的需求，而卖方则提供这种商品或服务。

价格机制：价格由需求和供给的相互作用决定，是资源配置的重要手段。价格反映了商品或服务的价值，是买卖双方达成交易的基础。

竞争：市场中通常存在多个买卖双方，他们通过竞争优化资源的配置，提高商品和服务的质量，降低成本。

交易行为：市场是交易行为发生的场所，包括直接交易（面对面交易）和间接交易（通过中介或平台）。

信息流动：市场信息的流动和对称性影响交易的公平性和效率，充分的信息流动有助于买卖双方作出合理决策。

市场可以按照不同的标准进行分类，例如根据商品性质，可以分为商品市场和服务市场；根据地域范围，可以分为本地市场、区域市场、国家市场和国际市场；根据交易方式，可以分为传统市场和电子市场等。

市场的存在和运作是经济活动的基础，通过市场机制，资源得以有效配置，商品和服务能够满足消费者的需求，从而促进经济发展和社会进步。

在会展营销中，了解和运用市场概念有助于精准定位目标客户群体，制定有效的市场营销策略，提高会展活动的成功率和影响力。

二、会展市场细分的认知

（一）会展市场细分的定义

市场细分指企业根据消费者需求的差异，将整个市场划分为两个以上相似需求的子市场的战略方法。每个子市场称为一个细分市场，由具有相似需求的消费者构成。市场细分的目的是企业能够针对不同的细分市场制定更有针对性的营销策略，满足不同顾客群体的需求，从而提高市场营销的效率和效果。随着市场竞争的激烈，对市场进行细分，实施差异化营销策略已成为企业获取市场优势的重要手段。市场细分包括几个方面：

确定细分标准：根据市场的特点和目标，选择适当的细分标准，通常包括地理、人口统计、心理和行为四大类。

分析和评估细分市场：对不同的细分市场进行分析，评估其规模、增长潜力、竞争状况和盈利能力，确定哪些细分市场具有开发价值。

选择目标市场：根据评估结果，选择一个或多个细分市场作为企业的目标市场，集中资源和精力进行开发。

制定市场营销策略：针对所选择的目标市场，制定相应的市场营销策略，包括产品、价格、促销和分销策略，以满足特定细分市场的需求。

对于会展市场，市场细分指的是会展企业将整个市场按照目标客户的差异细分为两个以上不同类型的子市场，根据企业的经营目标和能力，评估每个细分市场吸引力，选择一个或多个细分市场作为目标市场，从而有针对性地提供会展服务，增强企业竞争力。

市场细分的核心在于识别和理解不同顾客群体的独特需求，从而提供更有针对性的产品和服务，增强企业的竞争力。在会展营销中，市场细分可以帮助会展组织者更准确地定位潜在参展商和观众，设计符合其需求的展会主题和内容，选择合适的推广渠道和策略，提高展会的吸引力和参与度。通过市场细分，企业能够更好地把握市场机会，提升市场响应速度和客户满意度，最终实现市场份额的增长和长期的业务成功。

（二）会展市场细分的意义

进行市场细分能够帮助企业避免盲目竞争，集中力量提高产品与服务能力,并提升品牌在特定行业或客户群体中的口碑。通过科学的市场细分和精准的市场定位,企业能够更有效地制定和实施市场营销策略,实现资源的最优配置和市场目标的达成。在会展营销中,市场细分同样能够帮助会展组织者精准定位目标客户,提高展会的吸引力和参与度,最终实现展会的成功举办。

1. 避免盲目竞争、资源浪费

市场细分能够帮助企业在复杂多变的市场环境中找到最具潜力的细分市场,从而避免在整个市场上与所有竞争者展开盲目的竞争。通过识别和选择特定的细分市场,企业可以集中资源和精力在这些市场上,提高市场营销活动的针对性和效率,减少资源浪费,避免在不具备竞争优势的市场上投入过多资源。

2. 集中力量提升产品力

通过市场细分,企业可以深入了解不同细分市场的需求和偏好,制定更有针对性的产品和服务策略。针对特定的细分市场,企业可以集中力量改进产品性能、提升服务质量,并设计符合市场受众需求的营销方案。这种精准化的策略能够更有效地吸引和满足目标市场的消费者,提高客户满意度和忠诚度,从而在市场中获得更高的竞争力和市场份额。

3. 提升客户群体口碑

选择特定的细分市场并集中营销力量,可以帮助企业在该市场中建立和提升品牌形象和口碑。通过持续满足特定细分市场的需求,企业能够在该行业或客户群体中树立专业、可靠的品牌形象,增强品牌的认知度和美誉度。这种良好的口碑不仅有助于吸引更多的潜在客户,还能够通过口碑传播,进一步扩大市场影响力,提升品牌在行业中的地位和声誉。

市场细分可以通过调查和研究,发现未满足的需求,帮助会展企业开辟新市场;选定目标市场后,会展企业可以集中资源进行产品开发,获得竞争优势;会展企业可以根据实际情况选择适合自己的目标市场,避免进入竞争激烈的市场;促销方式可以更具针对性,企业根据不同市场特点选择合适的方法。

(三)消费者市场细分的方法

消费者市场细分的方法主要包括人口学、地理学、行为方式和心理学四个维度。这些方法帮助企业将整体市场划分为若干个具有相似需求或特征的子市场，以便更精准地制定营销策略，满足不同消费者群体的需求。

1．人口学细分

人口学细分是根据消费者的统计学特征将市场划分为若干子市场。这些特征通常包括：

年龄：不同年龄段的消费者有不同的需求和偏好。例如，年轻人可能更喜欢新潮和时尚的产品，而老年人则更注重产品的实用性和健康功能。

性别：男性和女性在某些产品和服务上的需求存在差异。例如，化妆品市场通常会根据性别进行细分，提供针对男性和女性的不同产品。

收入：消费者的收入水平直接影响其购买力和消费习惯。例如，高收入群体可能更倾向于购买高端和奢侈品，而低收入群体则更注重性价比。

教育水平：教育水平影响消费者的消费观念和决策过程。例如，高学历群体可能更关注产品的技术含量和品质。

职业：不同职业的消费者在工作需求、生活方式和消费习惯上存在差异。例如，企业高管和蓝领工人的消费需求和偏好不同。

2．地理学细分

地理学细分是根据消费者所在的地理位置将市场划分为若干子市场。这些地理位置因素包括：

地域：不同国家、地区、城市的消费者有不同的文化背景、消费习惯和需求。例如，城市消费者可能更注重产品的便捷性和时尚性，而农村消费者则更关注产品的耐用性和实用性。

气候：气候条件影响消费者的需求和购买行为。例如，寒冷地区的消费者对取暖设备和保暖衣物有更高的需求，而炎热地区的消费者则更注重降温和防晒产品。

人口密度：人口密度影响市场的规模和分布。例如，高人口密度地区的市场潜力较大，但竞争也更激烈，而低人口密度地区的市场潜力相对较小。

3．行为方式细分

行为方式细分是根据消费者的行为特征和购买决策过程将市场划分为若干子市场。这些行为特征包括：

购买行为：消费者的购买频率、购买数量和购买时机。例如，频繁购买的消费者和偶尔购买的消费者在需求和偏好上存在差异。

使用情况：消费者对产品或服务的使用频率和使用方式。例如，重度使用者和轻度使用者对产品的需求和期望不同。

忠诚度：消费者对品牌的忠诚程度。例如，高忠诚度的消费者通常对品牌有较高的认可和依赖，而低忠诚度的消费者则更容易被竞争品牌吸引。

购买动机：消费者的购买动机和决策因素。例如，有些消费者注重产品的价格，有些则更关注产品的质量和品牌。

4．心理学细分

心理学细分是根据消费者的心理特征、生活方式和个性将市场划分为若干子市场。这些心理特征包括：

生活方式：消费者的生活方式和价值观。例如，健康生活方式的消费者更倾向于购买有机食品和健康产品，而追求时尚生活方式的消费者则更注重产品的外观和品牌。

个性特征：消费者的个性和心理特征。例如，外向型消费者和内向型消费者在社交需求和产品偏好上存在差异。

兴趣爱好：消费者的兴趣和爱好。例如，热爱运动的消费者更关注运动装备和健身产品，而喜欢阅读的消费者则更注重书籍和文具。

通过结合这四个维度的方法进行市场细分，企业能够更全面、精准地了解不同消费者群体的需求和特征，从而制定更有效的市场营销策略。

表3-1　消费者市场细分工具

人口学特点	年龄、性别、受教育程度、民族、收入、职业、家庭
地理学特点	国家、省、市、区域、气候、人口密度
行为学特点	上网习惯、目的、用户状态/使用频率、花费/费用接受程度、品牌忠诚度
心理学特点	态度/想法/观点、兴趣爱好、动机、价值观

（四）会展市场细分的标准

在会展营销中，市场细分可以帮助会展组织者更好地识别和吸引潜在参展商和观众，提供符合其需求的展会内容和服务，提升展会的吸引力和成功率。

对于会展市场，市场细分的依据通常包括以下方面：

1. 地理特性

地理细分是指根据地理特性如国家、地区、城市、农村等进行细分，充分考虑地区经济和文化等因素，注重地区差异化需求，选择有潜力的市场进行营销。

2. 企业类型

不同参展商针对会展企业或活动提出了差异化的需求，这些需求主要涉及场馆要求、交通运输、观众类别、广告宣传等方面。会展企业可根据不同产品的特殊需求提供差异化服务。此外，参展商的企业规模和实力不同，对场馆、展台布置、观众数量、参展价格、宣传力度、举办时间和地点等有不同需求。会展企业需明确目标市场，实施有针对性的市场营销策略。

3. 人口统计特征

根据消费者的人口统计属性进行市场细分是产品市场细分的重要标准，同样适用于会展市场。参展商的人口统计特征包括年龄、性别、职业、收入、文化程度、宗教信仰、社会阶层等，会展企业应根据这些人口统计特征对市场进行细分，提供差异化服务，满足其在展会期间的需求。

4. 参展目标

参展目标的不同会影响会展组织方式，参展商的参展目标可分为销售类和非销售类两种类型。销售类目标主要包括产品交易和签订合同等；非销售类主要目标包括宣传、市场调研和销售网络拓展等。

知识链接 | 2023年国际名家具（东莞）展览会市场细分案例

1. 产品类型细分

家具类型：展览会细分了不同类型的家具展区，如客厅家具、卧室家具、餐厅家具、办公家具等。这种细分使得参展商能够针对特定的家具类型展示其产品，同时也方便观众根据自己的需求寻找合适的家具。

材料与工艺：展览会还细分了基于不同材料和工艺的展区，如实木家具、板式家具、金属家具、玻璃家具等。这有助于展示家具行业的技术创新和多样性。

2. 目标客户群体细分

专业买家：展览会特别关注吸引家具行业的专业买家，如家具经销商、零售商、酒店采购人员等。他们通常是展览会的主要客户群体，有明确的采购需求和决策能力。

设计师与建筑师：展览会也吸引了大量的设计师和建筑师前来参观，他们关注家具的设计趋势和风格，以及家具与室内环境的协调性。

终端消费者：尽管展览会主要针对专业买家，但也开放给终端消费者参观，提供了他们与高品质家具直接接触的机会。

3. 地域细分

国内外参展商：展览会吸引了来自世界各地的家具制造商参展，如美国、意大利、德国等国家的海外参展商。这种地域细分不仅展示了全球家具行业的多样性，也为国内外参展商提供了交流合作的平台。

观众来源：展览会的观众来自全球各地，不仅有来自中国各地的专业买家和消费者，还有来自50多个国家或地区的海外买家。这种地域细分使得展览会具有国际化的特点，促进了全球家具市场的交流和发展。

三、会展市场细分的程序和方法

（一）会展市场细分的程序

会展市场细分的程序通常包括六个步骤。

1. 确定市场范围

确定市场范围是进行有效市场细分的基础。过大的市场范围会增加营销成本，带来不必要的浪费，而过小则限制了营销活动和企业发展。会展企业应结合市场调查和自身特点，合理选择市场范围。

2. 重视客户需求

在确定市场范围后，应分类客户需求，包括现实需求和潜在需求，为进一步市场细分提供数据和资料。

3. 分析细分市场

根据客户的地区分布、人口特征、经济状况、购买行为等特征，分析可能存在的细分市场。

4．根据标准细分市场

根据细分市场的标准，将整体会展市场进行细分，形成多个子市场，并明确每个子市场的特征。

5．分析细分市场购买行为

了解每个细分市场对产品和服务的需求和购买行为，为目标市场的定位提供参考。

6．评估细分市场

根据市场调查预测每个细分市场的顾客规模，分析产品竞争状况，确保足够的发展空间。

图 3-1　进博会车展，参展车企需做好市场细分工作

（二）会展市场细分的方法

根据变量组合，将整体市场划分为若干亚市场。具体来说，有以下五种方法。

1．单因素细分法

单因素变量细分法简单易行，是常用的细分方法之一，可根据影响参展商和观众需求的因素对市场进行细分。单因素变量细分法通常选择对需求影响最大的因素。例如，按地理区域划分为日本、美国、欧洲市场；按行业和产品划分为汽车展市场、娱乐项目展市场和化妆品展市场等。

2．多因素细分法

多因素细分法是选择两个或更多影响目标客户需求的因素来划分市场的方法。营销人员可以选取两个重要因素并进行组合，可以使细分更详细，有利于开展有针对性的营销活动。例如，结合地理区域和参展产品，将会展市场划分为东北地区汽车展市场。营销人员还可以选择多因素进行市场细分。例如，结合地理区域、参展商的年龄、专业观众的收入等因素进行细分。这种细分方法可以更准确地满足参展商和观众的个性化需求。但是，多因素细分法增加了市场细分的复杂性和成本。因此，在采用这种法时，会展企业需要慎重考虑成本和收益，确保细分策略符合企业可持续发展的利益。

3．完全细分法

完全细分法指的是将市场上每个客户都视为一个独立的细分市场。这种方法在实际市场中很少采用，细分市场的购买量有限，企业不愿进入。然而，在会展发达地区，为了吸引长期可盈利的顾客，一些会展企业针对VIP顾客会提供特殊的服务。

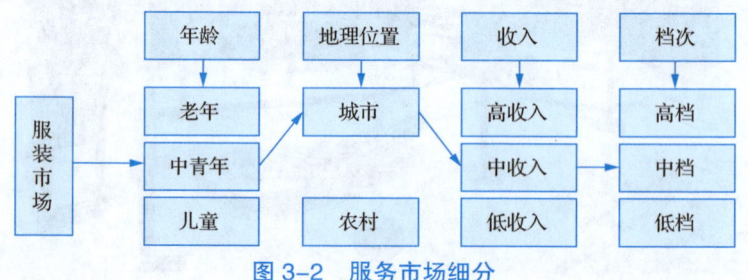

图3-2　服务市场细分

4．再细分法

再细分法是指对细分市场使用新标准进行再细分，进一步发现市场空白寻找新的营销机会。

5．反细分法

市场细分过度，将导致子市场规模过小，企业资源分散，最后营销成本增加。反细分法旨在以较低成本满足客户需求，实现规模经济。一般采取两种方法，即放弃过小的子市场或者合并几个小市场形成较大的子市场。

第二节 会展目标市场的选择

一、目标市场的定义

目标市场是指具有最大目标市场机会的人群子集，企业为其制定特定的市场营销方案。企业或组织在进行市场营销活动时，根据市场细分的结果，选择并集中资源和精力进行开发和服务的特定顾客群体或市场部分。目标市场的选择是市场营销策略的核心环节，通过明确目标市场，企业能够更有效地制定和实施营销策略，满足特定客户群体的需求，从而实现市场份额的增长和企业的长期发展目标。

目标市场具有以下几个特征：

明确性：目标市场是根据市场细分的结果，选择出最具潜力和价值的市场部分，这些部分具有明确的需求和特征。

可衡量性：目标市场的规模和特征是可衡量的，企业能够通过数据分析和市场调研了解其具体情况。

可接近性：企业能够通过有效的渠道和手段接近并服务于目标市场的客户。

实质性：目标市场应具有足够的规模和潜力，以确保企业的市场营销活动能够获得实际的回报。

可行性：企业有能力针对目标市场制定和实施有效的营销策略，包括产品、价格、促销和分销等方面。

在会展营销中，目标市场的定义和选择尤为重要。会展组织者需要根据展会的主题、内容和目的，确定潜在的参展商和观众群体，并针对这些目标市场制定相应的营销策略，以提高展会的吸引力和参与度。通过准确定义和选择目标市场，企业能够更好地集中资源，提升营销效率，实现营销目标，从而在激烈的市场竞争中取得优势。

二、会展目标市场选择的条件

一般而言，会展企业选择的目标市场，应符合以下条件：

（一）会展目标市场具有一定的市场发展潜力

目标市场需具备一定的发展潜力，主要衡量市场是否具有一定的规模和成长空间，是否有较大的盈利空间等。

（二）会展目标市场的选择力求避免"多数谬误"

"多数谬误"是指许多企业选择同一细分市场作为目标市场，导致某一会展项目的供给超过市场需求。这种情况下，多家企业竞争有限的消费者群，造成资源浪费，影响了企业的经济效益。在实际中，"多数谬误"常见于同一地区短时间内多次举办相同主题的展览会。

（三）会展目标市场符合企业的目标和能力

会展企业需要考虑对市场的投资是否与自身的发展目标一致，不符合企业最终的发展目标的市场不能选择。会展企业还需要考虑自身的资源能力能否进入该市场，并获得一定的效益。

三、会展目标市场选择的步骤

确定会展目标市场一般需要经过以下几个步骤。

（一）细分市场

根据会展企业的经营特点和整体会展市场需求状况，将整体市场划分为多个细分市场。

（二）评价会展细分市场

对各细分市场进行全面细致的分析，评估其规模、潜力和经济效益，以帮助企业正确选择目标市场。

（三）预测会展细分市场发展趋势

估算各细分市场的市场潜力和企业销售情况，分析预测市场需求趋势、竞争状况和市场份额。

（四）选择会展目标市场

会展企业结合企业资源、营销能力和市场吸引力，确定最适合的目标市场。

（五）制定会展目标市场策略

为实现会展目标市场销售计划，制定会展产品、价格和促销策略，通过各种渠道展开广泛宣传活动。

四、会展目标市场策略

会展目标市场的选择策略有三种，包括无差异性目标市场策略、差异性目标市场策略、密集性目标市场战略。

（一）无差异性目标市场策略

无差异性目标市场策略是指会展企业提供统一的产品或服务，满足整体市场上大多数参展者的整体需求。其优点在于企业进行批量销售，不需要细分市场，这样可以简化分销渠道、降低成本，有利于垄断性项目长期占领市场。缺点是无法满足参展企业的差异化需求，小的细分市场需求不能被满足。目前，这种策略适用于少数垄断性强、供不应求的会展项目。

（二）差异性目标市场策略

差异性目标市场策略将整个会展市场划分为多个细分市场，选择其中两个以上作为目标市场。其优点在于针对不同细分市场提供针对性的产品和服务，满足不同市场需求，增强参展商满意度，获得市场竞争优势。然而，其缺点在于需要开发多种产品，增加成本，并且难以实现规模经济效益。因此，相对较小的企业不宜采用此策略，仅适用于实力雄厚的大企业。

（三）密集性目标市场策略

密集性目标市场策略是在市场细分的基础上，选择一个或少数几个细分市场作为目标市场，为其提供一种或几种不同的市场营销组合，集中精力满足其需求。优点在于可以集中资源满足特定市场需求，占据竞争优势。缺点在于市场面较窄，可能存在较大的风险，如果目标顾客需求变化或转向竞争对手，会使企业处于被动局面。

三种目标市场的选择策略各有优缺点，会展企业在选择实施策略时，应该从实际出发，充分考虑各种影响因素，权衡利弊之后作出决策。

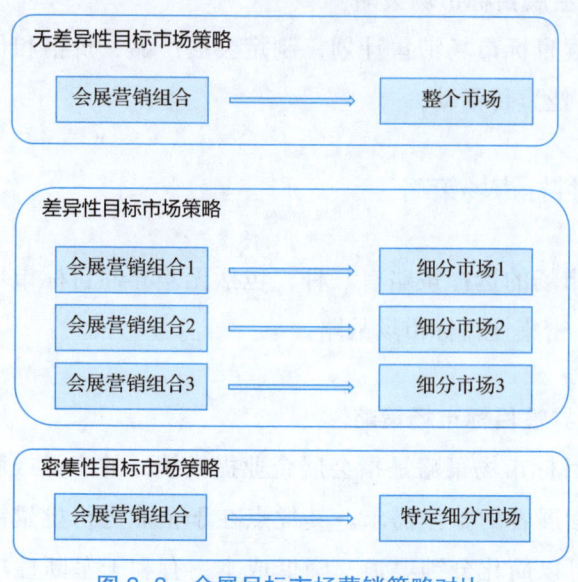

图 3-3　会展目标市场营销策略对比

第三节　会展市场定位策略

一、会展市场定位的含义

会展市场定位是指会展企业对其形象、产品或服务以及目标市场进行的定位和设计，使其区别并优于竞争对手。定位需要了解目标客户的需求，提升服务质量，从而树立企业形象，不断获得竞争优势。

二、会展市场定位的步骤及内容

在市场定位过程中，关键是找出自身产品和服务优于竞争者的特点。这一过程可分为识别潜在竞争优势、选择相对竞争优势和显示独特竞争优势三个步骤。

（一）会展市场定位的步骤

1. 识别潜在竞争优势

通过对会展企业向客户提供的产品及服务进行全面分析，比较自身与竞争者在产品、服务、人员和形象等方面的差异，找出潜在的竞争优势，为正确的市场定位提供依据。这种差异化可体现在产品、服务、人员和形象等方面。

产品差异化是指设计与竞争对手不同的会展产品，可在特色、质量、外观和设计等方面体现，例如，设计独特新颖的展位。

服务差异化是指向目标市场提供与竞争对手不同的优质服务，包括增加服务项目和提高服务质量。

人员差异化是指雇佣和培训员工来建立竞争优势，包括对志愿者进行系统的培训。

形象差异化是指企业及其产品和服务在顾客心中与竞争对手相较形成独特形象。

2. 选择相对竞争优势

会展企业可能拥有多种竞争优势，需要在选择时明确市场定位的基础，并据此确定市场定位战略。竞争优势的选择涉及确定推广哪些差异，可以选择突出一项优势进行宣传，或推广多项差异以增加特色。会展企业在选择相对竞争优势时，需要避免过高市场定位、过低定位和混乱定位，进行合理宣传，以确保信息传递的一致性。

3. 显示独特竞争优势

显示企业独特的竞争优势旨在通过市场推广活动等途径向潜在顾客准确传达其选定的竞争优势和定位信息，给顾客留下深刻印象。为此，会展企业要进行以下三个方面的工作：

（1）建立与市场定位一致的形象

会展企业通过积极沟通，使目标参展企业了解并认同企业的市场定位，建立与此定位一致的形象，促进参展企业对会展项目的有效识别。

（2）巩固与市场定位一致的形象

持续强化目标顾客形象，保持目标顾客对企业的了解，稳定目标顾客态度，强化参展企业对产品的认识，巩固与市场定位一致的形象。

（3）矫正与市场定位不一致的形象

注意目标顾客对市场定位的理解是否有偏差，及时纠正市场定位宣传和推广方案等导致的误解，及时矫正与市场定位不一致的形象。

（二）会展市场定位的内容

1. 消费者定位

消费者定位是会展企业选择和确定目标市场的过程，主要包括确定参展商和观众定位。这是会展营销市场定位中的关键内容。在进行消费者定位时，会展企业首先需要明确选择目标市场的条件。例如，目标市场上有足够的市场需求；目标市场具有一定的购买力；会展企业有能力满足目标市场对于会展产品和服务的需求；在选择目标市场上，会展企业具有竞争优势，可以取得较大的市场占有率。

2. 会展企业形象差异化定位

会展企业的形象差异化定位是一种企业定位策略，主要通过产品和品牌，塑造企业独特的个性、文化和形象来吸引消费者。会展企业应根据自己的资源优势、制度文化和发展目标，在目标市场上确定不同于对手的企业形象。

3. 会展产品差异化定位

产品定位主要指的是根据产品质量、成本、特征以及款式等属性对产品进行定位。会展企业应根据市场竞争和自身优势，提供差异化的会展产品和服务。在会展行业中，会展服务作为附加产品，扮演着重要的角色。提供贴心周到的会展服务是会展市场营销产品定位的重要内容。

4. 会展市场竞争定位

会展市场竞争定位就是指会展企业要确定自己相对于竞争者的市场位置，即与竞争者相区别的地方。

三、会展市场定位基本策略

市场定位策略实质上是一种竞争策略，主要涉及会展企业在目标市场上如何处理与其他竞争对手的关系。会展市场定位的基本策略主要有以下三种。

（一）对抗性定位策略

对抗性定位策略是企业与最强竞争对手直接竞争的方式，这种市场定位方式存在着较大的风险，只有企业具备优质产品、专业服务、充足资源和良好信誉等条件，才可以采用这种竞争策略。

（二）避强定位策略

避强定位策略又分填补空缺式定位策略和特色定位策略两种。填补空缺式定位策略是重新开拓潜在市场的策略，要求企业提供高品质服务，以相对较低的价格获取利润，并使目标客户相信其服务质量优越；特色定位策略突出企业与众不同的特色，要求企业拥有独特的服务特色，并吸引目标客户的喜爱。

（三）重新定位策略

重新定位策略通常用于对销路不佳的产品进行二次定位，以应对企业内外部环境的变化，改变目标消费者对企业的认知。

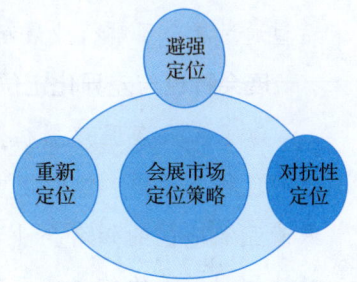

图 3-4 会展市场定位策略

> **知识链接** | 亚洲国际医疗器械展览会的精准定位和策略实施

随着全球医疗器械市场的快速增长和医疗技术的不断进步，各大医疗器械厂商和医疗机构纷纷寻求更广阔的市场机会。亚洲作为世界上人口最多、经济发展迅速的地区之一，医疗器械市场潜力巨大。为了更好地满足市场需求，亚洲国际医疗器械展览会（AsiaMed Expo）应运而生，并以其独特的市场定位，在竞争激烈的会展市场中脱颖而出。

目标市场识别

AsiaMed Expo 的主办方首先深入分析了亚洲医疗器械市场的特点和发展趋势。他们发现，亚洲地区人口众多，医疗需求持续增长，同时医疗技术水平也在不断提高。特别是随着亚洲各国政府对医疗卫生事业的投入加大,医疗器械市场迎来了前所未有的发展机遇。因此,AsiaMed Expo 将目标市场定位为亚洲地区,特别是那些医疗器械市场潜力巨大的国家和地区。

目标客户群体确定

基于目标市场的识别,AsiaMed Expo 明确了其目标客户群体。主要包括:

医疗器械制造商和供应商:这些企业是展会的主要参展商,他们希望通过展会展示最新的医疗器械产品和技术,与潜在客户建立联系。

医疗机构和医院:这些机构是医疗器械的主要用户,他们关注最新的医疗技术和设备,希望通过展会了解市场动态和产品信息。

投资者和金融机构:他们关注医疗器械市场的投资价值和前景,希望通过展会了解行业动态和投资机会。

政府部门和监管机构:他们关注医疗器械市场的政策走向和监管要求,希望通过展会了解行业最新动态和政策趋势。

展会特色与差异化定位

为了在众多医疗器械展览会中脱颖而出,AsiaMed Expo 注重打造自身的特色和差异化。他们注重展示亚洲地区医疗器械市场的最新动态和趋势,邀请亚洲地区的知名企业和专家参展和演讲,为参展商和观众提供更具针对性和实用性的信息。同时,他们还注重为参展商和观众提供个性化的服务,如定制化的商务配对、专业的翻译服务等,以提升展会的参与度和满意度。

宣传推广策略

为了扩大 AsiaMed Expo 的影响力,主办方采取了多种宣传推广策略。他们通过社交媒体、行业媒体、专业网站等渠道进行广泛宣传,吸引目标客户群体的关注。同时,他们还积极与各国政府和行业协会建立合作关系,共同推动医疗器械市场的繁荣和发展。此外,主办方还定期举办新闻发布会、行业研讨会等活动,提升展会的知名度和影响力。

实施效果

经过精准的市场定位和策略实施,AsiaMed Expo 取得了显著的成功。展会吸引了来自亚洲各国和地区的众多参展商和观众,包括众多国际知名医疗器械制造商和供应商。展会期间,参展商与观众进行了深入的交流和合作,共同推动了亚洲医疗器械市场的发展和进步。AsiaMed Expo 也因此成为了亚洲地区最具影响力和专业性的医疗器械展览会之一。

拓展案例

北京大健康展的市场定位

北京大健康展作为国内最具影响力的大健康产业展览会,其市场定位主要聚焦于以下几个方面:

国际化视野:北京大健康展致力于打造一个国际化的交流平台,吸引全球的参展商和观众,推动国内外大健康产业的交流与合作。

专业化程度高:展会专注于大健康领域,汇聚了医疗器械、生物医药、保健品、健康管理等方面的专业人士和企业,为参展商和观众提供了一个专业的交流环境。

创新性强:北京大健康展注重展示最新的科技成果和创新产品,鼓励企业创新发展,为大健康产业的转型升级注入新的活力。

市场导向:展会紧贴市场需求,为参展商提供了一个了解市场动态和发掘商机的平台,同时为观众提供了一个了解产品和选择服务的窗口。

资料来源:健康引领者. 搜狐,2024-01-16.

本章核心概念

会展市场细分 Segmentation   **会展目标市场选择** Targeting
会展市场定位 Positioning

进阶讲堂

定位

本章习题

一、简述题

1. 市场细分的含义是什么？会展市场细分的方法和标准都有哪些？
2. 会展目标市场选择的步骤是什么？不同会展企业如何选择与自身匹配的市场策略？
3. 简述市场定位的含义和内容。
4. 会展市场定位的步骤和策略有哪些？

二、实训演练

活动主题：体验会展目标市场定位。

活动目的：掌握并实操会展目标市场定位。

活动流程：

1. 将全班分成若干小组，4～5人为一组，以小组为单位进行活动，参观一次大型展会活动。
2. 结合所学知识，根据会展企业的现状选择会展目标市场定位策略。
3. 以小组为单位提交调查报告。
4. 老师对其进行评价和质量评分，并计入总成绩。

老师评价

第四章

会展产品营销与品牌战略

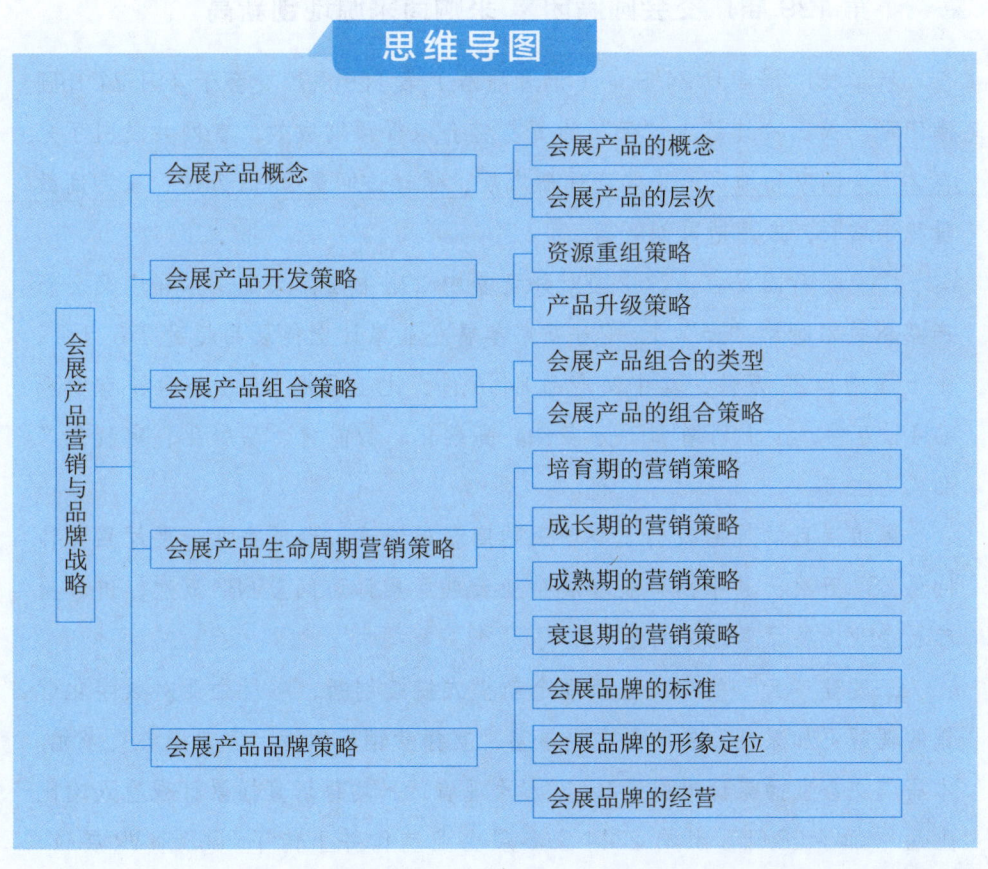

学习目标

- 了解会展产品的概念及层次
- 理解会展产品开发策略
- 理解会展产品组合策略
- 掌握会展产品营销策略
- 掌握会展产品品牌策略

第 129 届广交会圆满闭幕 采购商来源地创新高

新华社广州4月24日电（记者陆浩）第129届广交会于4月24日圆满闭幕。第三次连续上"云"的贸易盛会取得预期成效，官网共吸引了来自227个国家和地区的采购商注册观展，累计访问量3538万次，采购商数量稳步增长，来源地再创新高。

广交会新闻发言人、中国对外贸易中心副主任徐兵说，本届广交会新产品新技术脉动"云"上。2.6万家参展企业累计上传展品超过276万件，比上届增加29万件，其中新产品84万件，比上届增加11万件；智能产品11万件，比上届增加1万多件。高端化、智能化、品牌化、定制化产品成为主流。

琳琅满目的展品吸引了全球采购商观展洽谈，参展企业云展厅累计访问量687万次，其中出口展参展企业云展厅累计访问量682万次，进口展参展企业云展厅累计访问量5万次。

三度登"云"的广交会新理念新模式持续创新，参展企业对数字化营销的理解更加深刻，展示形式更丰富，直播营销更熟练，客户服务更多元。本届广交会直播累计吸引了88万人次观看，平均每场直播累计观看人次比上届增加了28.6%。共有2244家参展企业制作并上传了2662个VR展位，访问量超过10万人次。此次广交会多措并举服务内外贸对接，助力参展企业畅通国内国际双循环。境内采购商累计向参展商发起即时沟通约2400次，发布意向订单近2000条。1.2万名境内大型商超、零售连锁、电商平台等专业采购商注册观展，与来自28个国家和地区的340家进口展参展企业对接洽谈，助力境外企业开拓潜力巨大的中国市场，分享中国经济发展带来的机遇。

徐兵表示，新冠肺炎疫情仍在全球蔓延，全球化遭遇逆流，国际产业链供应链面临调整，不确定性增加。本届广交会成功在网上举办，不仅为巩固外贸回稳向好势头、推动外贸创新发展、畅通全球产业链供应链作出了应有贡献，也为世界贸易和经济复苏注入了强劲动力。

资料来源：陆浩. 第129届广交会圆满闭幕，采购商来源地创新高. 新华网，2021-4-25.

课前讨论：
第129届广交会提供给参展商和观众的产品与服务具体包括哪些？

第一节　会展产品概念

一、会展产品的概念

会展产品是指会展企业在会展活动的整个过程中向参展商和观众提供的旨在满足其参展或参观需求的有形产品和无形服务的综合。具体来说，会展产品是各类展览、会议、陈列、商品交易、物流、餐饮、宿舍、交通、游览、售后服务等有形产品和无形服务的综合。

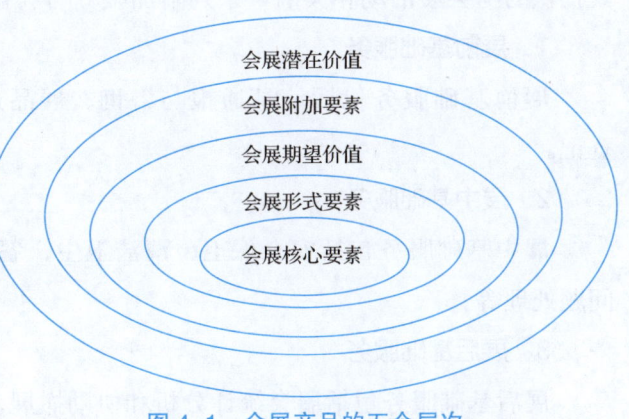

图4-1　会展产品的五个层次

二、会展产品的层次

会展产品是一个整体概念,是由多种要素组合而成的综合体,包括核心要素、形式要素、期望价值、附加要素、潜在价值五个层次。

(一)核心要素

核心要素是会展组织者通过会展活动提供给会展参与者的根本效益,是会展产品最基本的层次。这是会展参与者在会展过程中得到的核心利益,也是其参加会展的首要目的。

(二)形式要素

形式要素是核心要素借以实现的形式或载体,即核心功能通过哪些具体形式展现给目标参展商和观众。这些具体形式主要包括办展机构提供的场地、展位、装饰、餐饮、纪念品等实物形式的产品,相应地,目标客户得到的是享受这些实物带来的有形收益。

(三)期望价值

期望价值是会展目标客户在购买会展产品时,期望会展产品能够具有的一系列属性和条件。

(四)附加要素

附加要素是指会展企业为了使参展商和观众获得更好的服务和体验,向其提供的与会展活动相关的一系列附加服务与利益。

1. 展前基础服务

展前基础服务包括信息通报与咨询、展品运输、展位搭建以及信息预登记。

2. 展中基础服务

展中基础服务包括安全保卫、清洁卫生、餐饮服务、解答咨询以及突发问题处理等。

3. 展后基础服务

展后基础服务包括展会统计分析和协助撤展。

4. 增值服务

增值服务包括贸易配对、参展顾问培训服务、举办展品推介会、提供完整的观众数据库、推出网上展会以及其他人性化服务。

 知识链接 | 中国国际进口博览会（CIIE）

展览服务

分区展示：CIIE 分为国家展、企业展和商业展三大板块，为参展商提供不同规模的展示空间，以满足不同需求。

展示内容：展示全球各类商品和服务，涵盖了消费品、智能及高端装备、汽车、食品及农产品、医疗器械及医药保健、服务贸易等众多领域。

商务配对服务

精准匹配：CIIE 提供商务配对服务，帮助参展商和采购商进行精准对接，提高洽谈效率。

成果显著：据统计，前几届 CIIE 的商务配对服务促成了数千亿美元的意向成交。

翻译和接待服务

多语种翻译：CIIE 提供多语种翻译服务，确保参展商和观众的交流无障碍。

VIP 接待：为贵宾提供专属接待服务，包括机场接送、酒店预订、会议安排等。

现场服务

引导服务：设立咨询台和志愿者团队，为参展商和观众提供展会信息、展位指引等服务。

技术支持：提供现场技术支持，确保展览设备正常运行。

（五）潜在价值

潜在价值是会展产品可能发生的所有增加和改变，会展功能或服务创新而产生的可能吸引和留住客户的因素，是会展产品将来可能的发展趋势。

知识链接 | 会展产品层次分析：2024中国国际绿色能源博览会（苏州）

随着全球对可再生能源和绿色能源技术的日益关注，国际绿色能源博览会（Green Energy Expo）应运而生。该博览会致力于展示最新的绿色能源技术、促进产业交流与合作，并推动全球绿色能源的发展。我们将通过分析Green Energy Expo的会展产品层次，来探讨各个要素在会展产品中的作用。

核心产品层次

Green Energy Expo的核心产品是为参展商和观众提供一个交流、展示和交易的平台。这个平台聚焦于绿色能源领域，为参展商提供了一个展示其最新技术、产品和解决方案的机会，同时也为观众提供了一个了解行业动态、学习最新技术的场所。核心产品的关键在于满足参展商和观众的基本需求，即提供一个高质量的交流和交易平台。

形式产品层次

在形式产品层次上，Green Energy Expo注重展览会的整体设计和组织。这包括展览会的主题定位、展区规划、展位设计、开幕式活动、现场互动等。例如，Green Energy Expo可能会设置不同的展区，如太阳能、风能、生物质能等，以便参展商和观众能够更清晰地了解不同领域的技术和产品。此外，展览会还可能举办各种论坛、研讨会等活动，为参展商和观众提供更多的交流和学习机会。

期望产品层次

在期望产品层次上，Green Energy Expo致力于满足参展商和观众的期望和需求。这包括提供高质量的服务、优质的展览体验、丰富的行业信息等。此外，展览会还可能通过问卷调查、意见反馈等方式，及时了解参展商和观众的期望和需求，以便不断优化和改进服务。

附加要素/延伸产品层次

在延伸产品层次上，Green Energy Expo注重为参展商和观众提供更多的增值服务。这包括提供展后跟踪服务、市场调研报告、行业趋势分析等。这些服务可以帮助参展商更好地了解市场动态和客户需求，以便制定更有效的市场策略。同时，这些服务也可以为观众提供更多的行业信息和专业建议，帮助他们更好地了解绿色能源领域的最新发展和趋势。为了提升参展商和观众的满意度，Green Energy Expo 可能会提供一系列附加服务，如专业的翻译服务、商务配对服务、现场咨询等。

潜在产品层次

在潜在产品层次上，Green Energy Expo 关注未来可能的产品和服务创新。随着技术的不断发展和市场的不断变化，绿色能源领域也将不断出现新的技术和产品。Green Energy Expo 将密切关注这些新技术和产品的出现，并积极探索将它们纳入展览会的可能性。例如，随着电动汽车和储能技术的不断发展，Green Energy Expo 可能会在未来增加相关领域的展览和论坛，以满足参展商和观众对这些新技术和产品的需求。

通过对 Green Energy Expo 的会展产品层次分析，我们可以看到各个要素在会展产品中的作用和重要性。核心产品层次满足了参展商和观众的基本需求；形式产品层次提升了展览会的整体设计和组织水平；期望产品层次满足了参展商和观众的期望和需求；延伸产品层次为参展商和观众提供了更多的增值服务；而潜在产品层次则关注未来可能的产品和服务创新。这些要素共同构成了会展产品的整体概念，为 Green Energy Expo 的成功举办提供了有力保障。

第二节　会展产品开发策略

会展产品的开发是会展企业生存的必要条件，也是会展企业保持活力和竞争优势的重要途径。会展企业通常可以采用资源重组和产品升级策略开发会展产品。

一、资源重组策略

会展企业开发新产品，需要更新资源观念，重新认识现有的会展资源，在充分利用挖掘其资源优势的基础上，推动会展资源的优化组合。

（一）根据市场需求组合会展资源

会展资源组合基于对会展市场的深入调查和对会展消费行为仔细分析的基础之上，具有灵活性强的特点，易于开发新的会展线路和产品。

（二）依据关联性组合会展资源

放在同期同地举办各个会展的观众都可交叉，各专业会展的参展商之间也可能会互为观众，这样的几个会展在一起举办，会展观众的数量会大大增加。参展商因观众增加而提升展出效果，提升参展商参展积极性。观众可以同期同地观看更多内容，增强了观展的含金量，使会展产生更大的效益。

（三）基于经济效益组合会展资源

会展资源的组合要能够实现会展资源价值增值和利润回报，提高产业贡献率，这也是会展业作为经济产业发展的内在需求与动力。

二、产品升级策略

会展市场竞争日趋激烈，通过产品升级战略不断地营造新的会展产品来延长会展产品的生命周期，满足会展消费者不断变化的市场需求。

（一）提升会展产品形象

提升会展形象是指在原有会展产品形象的基础上提炼新形象，使参会者从全新角度来认识原有会展产品，进而产生强烈兴趣。

（二）提高会展产品品质

提高会展产品品质的重要途径是持续对会展产品生产设计与管理的完善与改进，对原有会展资源进行深度开发，不断丰富原有会展产品内容。

（三）引入和应用高新技术

对会展资源文化内涵进行挖掘与展示，依托科技手段与技术支持，推出具有竞争力的会展产品。

图 4-2　2024 年南京轨道展

图 4-3　2024 年石油展

知识链接 | 广交会

广交会，即中国进出口商品交易会，自 1957 年创办以来，已成为中国对外开放的重要窗口和全面展示中国对外贸易发展全貌的重要平台。随着时代的变迁和全球贸易环境的演变，广交会不断通过产品升级和策略调整，以适应市场的新需求和新变化。

产品升级方向

科技化和智能化：近年来，广交会上的展品从传统的制造品向高科技、智能化产品转变。例如，在第 135 届广交会上，广东地区的消费电子企业加大了研发投入，推出了定制化、智能化的产品和系统解决方案，如智能家居产品、物联网通信技术等。

绿色环保和健康防疫：受全球健康防疫趋势的影响，广交会上的展品也更加注重绿色环保和健康防疫。如获得 2020 年广交会 CF 奖金奖的 UV 杀菌垃圾桶，在闭合后即自动启动紫外线杀菌，体现了广交会对于健康生活的关注。

顺德家电展区：在第 135 届广交会上，顺德区经济促进局联合顺德区进出口商会在广交会中平台 A2 品牌展示区域举行了"顺德家电 出口优品"的区域品牌宣传活动。展区面积达到 67.5 平方米，采用玻璃屋结构，提升了基地展示形象。参展企业包括佛山市安铂尔电器有限公司、佛山市顺德区奥柏空调有限公司等 10 多家顺德家电企业，展品涵盖了冷风机、燃气灶、电磁炉等多元化产品，全方位展示了顺德家电产业的实力。

新产品发布：广交会不仅是一个展示平台，也是新产品发布的重要场所。在广交会二期展会中，许多企业推出了高端家装、优质餐厨、生活配件等新产品，如一款平底锅，其内壁金属特殊设计使得锅具硬度更强、耐刮耐高温，体现了广交会参展企业在产品创新方面的不断投入和研发。

数字和信息

展区面积：顺德家电展区面积达到 67.5 平方米，充分展示了顺德家电产业的实力。

参展企业数量：顺德家电展区精选了 10 多家顺德家电企业参展，体现了顺德家电产业的集群效应。

新产品数量：广交会二期展会线上平台总共上传发布新产品多达32万件，线下新品发布活动68场，显示了广交会在推动新产品发布和展示方面的强大能力。

广交会展会产品升级的成功案例不仅展示了中国制造业的转型升级成果，也体现了广交会在推动全球贸易发展、促进国际合作方面的重要作用。通过科技化、智能化、绿色环保和健康防疫等方向的升级，广交会更加符合全球贸易的新趋势和新需求，为参展商和采购商提供了更加优质、高效的交流和合作平台。

第三节 会展产品组合策略

一、会展产品组合的类型

会展产品组合的类型分为地域组合与内容组合两种形式。

(一)地域组合形式

组合产品以内容丰富、强调地域间的反差为特色。根据会展产品组合地域范围大小可以分为国际与国内两种组合形式,国内组合形式还可细分为全国型、区域型等。

(二)内容组合形式

内容组合形式的会展产品组合根据会展活动的主题选择会展产品项目构成,分为综合型组合产品与专业型组合产品。

二、会展产品的组合策略

会展产品组合策略包括扩展策略、简化策略和改进策略。

(一)会展产品组合扩展策略

会展产品组合扩展策略是会展企业为扩展经营范围,扩大会展产品组合广度的策略,有助于会展企业扩大经营范围,实行多角化经营,充分利用企业资源和提高经济效益。

(二)会展产品组合简化策略

会展产品组合简化策略是会展企业缩小会展产品组合广度的策略,减少会展企业资金占用,提高资金利用率,实现会展生产的专业化,淘汰已经过时的会展线路。

(三)会展产品组合改进策略

会展产品组合改进策略是会展企业改进现有产品,发展组合深度的策略,可以增加细分市场，提高会展产品的质量。会展企业应根据市场变化不断调整会展产品组合结构，使会展产品组合深度保持合理的范围。

第四节　会展产品生命周期营销策略

完整的会展产品生命周期包括培育期、成长期、成熟期和衰退期。办展机构应针对会展产品不同的生命周期，制定相应的营销策略。

一、培育期的营销策略

在培育期，会展产品规模不是很大，市场影响力弱，行业知名度不高，目标客户对其实际可达到的展会效果的预期不确定。参展商与专业观众对于参展和观展热情较低，会展组织机构必须在营销工作上下工夫，努力使会展产品能在会展市场站住脚，被行业认同。这一阶段的营销重点在于：

（一）弱化盈利，注重长远

办展机构需有长远发展的战略眼光，不要过分强调会展的短期盈利能力而削减对会展必要的前期投入，重点应放在将展会办强办大的思路上，实现长期的盈利。知名品牌会展的培育时间通常要经过3～5届甚至更长，办展机构在会展培育期的工作重点是做好会展的品牌规划与长期盈利计划。即使会展有盈利，也应拿出大部分作为发展基金，不断提升提高会展的竞争力。

（二）规划会展发展战略

会展机构需在错综复杂的市场环境中找准会展合适的定位，赋予展会个性化的特色，利用差异化战略在会展市场中脱颖而出，打造属于自己的品牌，找到合适的发展空间。

（三）提升会展知名度

在培育阶段，会展组织机构要组合运用多种形式的广告、软性介绍文章、人员推广、直接邮寄、公关事件等营销手段来提升会展的知名度。

（四）实现会展规模稳步扩大

实现会展规模扩大，要利用多渠道的宣传与推广、有效的目标管理和推进会展营销队伍建设，使会展的发展具有可持续性。当达到一定的规模时，才会在会展行业与市场发挥影响力。

（五）提供目标客户体验式服务

在"体验经济"时代，服务至关重要。办展机构应为目标客户提供优质周到的服务，以服务实现会展品牌价值。强调体验式服务的作用，注重客户接受服务时的感受。会展服务是对目标客户提供体验式服务的过程，可以全面提升目标客户的满意度和忠诚度。

二、成长期的营销策略

进入成长期，会展规模与影响迅速扩大，参展商数量快速增长，会展观众数量和质量不断提高，地位与知名度不断上升，开始快速发展。在成长期，不仅要努力保住会展品牌成长的势头和在行业中享有的声誉，加强专业观众的组织与邀请，提供实质性的服务，还需进一步地完善自身的市场发展战略，提升竞争优势。

图 4-4　临港展示区，打造高水平对外开放"实景图"

（一）强化会展招商组织

招商组织是成长期会展最容易被忽视的工作，也是阻碍成长期会展继续成长的关键因素。与会观众的数量和质量能与会展规模同比增长才能有效保持会展的快速成长。

（二）重视客户关系管理

客户数量日益增多，参展商的数量与展览会的规模不断扩大，这一阶段应对目标客户实行客户关系管理。要以信息技术与科学管理手段来提高和保持目标客户对会展的忠诚，防止老客户的流失，并不断开发新客户。

（三）持续改进会展服务体系

持续改进观众组织、参观登记、会展现场交通、餐饮、通信、卫生环境等会展服务体系，以便使服务同步于会展的发展。

（四）动态研究市场与竞争对手

加强对会展市场与竞争对手动态研究工作，有针对性地制定会展营销策略，使会展营销组织工作能有的放矢，增强竞争活力。

（五）提高会展增值功能

提供信息发布会、市场研讨会、产业高层论坛、网络展会、商务旅行等多方面的服务，使得会展既有自身特色，又能兼容更多增值功能。

三、成熟期的营销策略

成熟期的会展产品已经在业内得到了广泛认可。进入成熟期会展营销的重点应是尽力延长成熟期，减缓其进入衰退期的进程。

（一）完善会展营销的评估体系

针对培育期与成长期的营销工作进行系统评估，评估体系的主要内容包括营销质量评估、营销效率评估以及营销成本评估。会展营销评估体系的建设对调控成熟期会展的发展方向具有重要的意义与作用。

（二）创新会展品牌形象的内涵

成熟期的会展已经在行业内享有一定的知名度，目标客户对于会展品牌也有所了解。要保持并巩固会展的品牌形象，就需要创新会展品牌内涵，如行业内排名、专业化程度、对市场发展的引导作用以及品牌的象征意义等。一些国际会展品牌长期保持竞争力的主要原因在于拥有丰富的内涵。会展品牌形象内涵的创新程度在某种程度上决定了会展品牌在市场上的生存能力。

（三）优化展览市场份额

在成熟期，需要优化会展营销网络，扩大海外宣传与推广活动，建立会展营销网络的预警机制，调整会展选题组成等。

（四）赢返流失客户，稳定现有客户

赢返流失客户，稳定现有客户是成熟期会展工作的重要一环。这需要强化会展客户关系管理系统的应用，调整工作流程，提高营销管理模式，放大每一环节的效率和控制力度，建立展览组织内部全方位的管理信息平台等。

（五）提炼客户知识，增加客户价值

成熟期会展提炼客户知识，增加会展对目标客户的价值，建立以客户知识为导向的营销体系，使客户在享受优质服务的同时也能提升自身价值。

四、衰退期的营销策略

办展机构应加强对会展营销工作的各项评估，通过营销质量评估、营销效率评估以及营销成本评估，发现问题并查找原因。通过评估工作，及早建立对衰退期会展特征的预警机制，利用科学的指标来确定衰退期会展是否需继续扶持或是调整、合并取消。相关指标包括盈亏平衡点、新老参展商参展率、参展行业变动率、营销人员流动率、观众参会率等。及时发现问题，必要时果断采取"关停并转"的措施，以保持展览组织机构的盈利性不受影响，有效保持营销队伍的稳定性并为策划与组织新的会展品牌积累资源。

第五节　会展产品品牌策略

一、会展品牌的标准

会展品牌是指具有一定规模，能代表行业发展动态，反映行业发展趋势，对行业有指导意义并具有较强影响力的会展项目。打造会展品牌的要素主要包括：

（一）权威协会和行业代表的坚强支持

在国际上，政府通常不会直接干预企业的展览活动。会展的成功往往取决于整个行业和企业的认可。一个会展企业得到行业内权威协会和主要代表的支持与合作，将提升其商业声誉和信任度，带来有效的宣传效果和影响力。

（二）代表行业的发展方向，具有较高的知名度

代表行业发展方向的展会通常具有较高的知名度。这些展会有明确的目标市场和客户群，提供了全面专业的行业信息。品牌会展在所在地区拥有较高的知名度和影响力，得到业内的广泛认可。

（三）较好的规模效应

品牌会展通常能够取得显著的成效，吸引大量参展商和专业观众参与，并拥有相当规模的展位，在行业中处于领先地位。

（四）提供专业的会展服务和完善的功能

从市场调研、主题策划、合作寻求、广告宣传、展位招展、观众组织、活动安排和现场氛围营造，都需要高水准的专业技能和员工的严谨态度，还需安排峰会论坛、商贸洽谈和信息发布等相关的配套活动，为参展商和专业买家提供服务。

（五）强势的媒体宣传

新闻媒体宣传是塑造品牌的一个重要环节，以此形成良性互动，使会展更具吸引力。

（六）获得国际博览会联盟的资格认可

国际博览会联盟（UFI）对申请加入协会的展览项目和主办单位有着严格的要求和详细的审查程序。获得 UFI 资格认可和使用 UFI 标志成为名牌展览会的重要标志，能够提升地位和认可度。

（七）坚持长期的品牌战略

会展企业必须确立长远的品牌发展战略，从短期价格竞争转向长期竞争优势，利用先进的品牌营销策略和品牌管理方法占据会展市场的领先地位。

二、会展品牌的形象定位

图 4-5　中国国际进口博览会

会展品牌通常是由某种名称、图案、符号及其组合所构成。会展品牌的内涵可以从六个方面理解：第一，属性，即品牌所代表的会展性质；第二，利益，即会展能带给参展商和观众怎样的利益；第三，价值，即会展在参展商和观众的心目中的地位；第四，文化，即会展品牌体现出的文化内涵；第五，个性，即品牌所体现的会展的独特个性和特征；第六，角色，即品牌是某些特定客户群体的特定角色和地位的象征。展会定位要在目标市场提供差异化的利益，创造竞争优势。

（一）理解和升华会展定位

品牌为产品附加了更多的价值、意义和想象空间。会展品牌形象定位是在理解会展定位的基础上对会展定位的进一步升华。

（二）确定目标受众

品牌形象定位必须确定特定的目标受众，也就是品牌的目标传播对象。会展品牌形象定位的目标受众不仅仅是目标参展商和观众，还包括与会展相关的社团和群体,会展品牌形象定位要积极考虑目标受众的需求和期望。

(三)确定会展品牌个性

会展品牌个性是品牌为会展附加的价值主张、意义和想象空间,作为对名称、标志设计和标识语的解释和补充。

(四)确定品牌传播内容

确定品牌传播的内容和积极传播品牌形象是进行品牌形象定位时必须要考虑的问题。无形的品牌定位要通过一系列有形展示才能更好地被目标受众所接受。展会名称、标志设计和标识语以及色彩作为对展会品牌形象进行有形展示的主要载体,要紧紧围绕展会品牌形象定位来设计。

(五)传播差异化竞争优势

传播品牌差异化竞争优势,是进行会展品牌形象定位的主要动机之一。传播会展品牌差异化竞争优势可以通过打造和宣传与众不同的品牌形象和品牌价值,使得会展企业能够在竞争激烈的市场中脱颖而出,吸引特定的目标顾客群体。

> **知识链接** | SIAL 西雅国际食品展亮相第五届进博会,推动食饮行业高质量发展

11月5日,SIAL 国际食品展(音译中文简称:西雅展)如约亮相第五届中国国际进口博览会。SIAL 西雅国际食品展醒目的 Logo,代表法国元素的巨型埃菲尔铁塔模型等,使得 SIAL 西雅国际食品展成为本届进博会最吸睛的服务贸易展台之一,吸引了过往参观人士驻足了解。

SIAL 品牌由全球第四大展会主办集团——法国高美艾博展览集团,于1964年在巴黎创立。2000年,高美艾博展览集团旗下全资子公司北京爱博西雅展览有限公司,将其引进中国,创立 SIAL 西雅国际食品展(上海),并全权负责 SIAL 品牌在华的主办、运营、招商等工作。

深耕中国22年,SIAL 西雅国际食品展(上海)服务了全球70多个国家

和地区、近 4 万家参展商，以及全球 100 多个国家和地区、超过 100 万食饮专业人士，积累了深厚的口碑基础，并成为了亚洲规模最大、SIAL 世界排名前三的食品展，已然成为世界食品贸易的大平台。

资料来源：SIAL 国际食品展．SIAL 西雅国际食品展亮相第五届进博会，推动食饮行业高质量发展．搜狐，2022-11-09．

三、会展品牌的经营

会展需要进行有效的品牌经营，这在会展市场竞争中是一种有效的策略。

（一）形成品牌产权

会展品牌经营是以经营品牌的观念来经营会展，将会展培育成品牌。品牌经营的主要目的是通过对会展进行品牌化经营来提高会展的影响力和市场占有率，努力使本会展在该题材的会展市场上形成一种相对垄断，形成一种品牌产权。品牌产权是比知识产权更为高级的现代市场经济的产物，其市场竞争力比知识产权更为强大，品牌产权在会展无形资产的构成中占据着越来越重要的地位。

（二）提升会展品牌知名度

会展知名度分为四个层次：无知名度，即会展的目标参展商和观众根本不知道该会展及品牌；提示知名度，是指经过提示后，被访问者会记起某个会展及品牌；未提示知名度，即不必经过提示，被访问者就能够记起某个会展及品牌；第一提及知名度，是指即使没有任何提示，当一提到某一种题材会展时，被访问者就立即会记起某个会展及品牌。提升展会品牌知名度，要使展会品牌逐步从无知名度走向第一提及知名度，会展才会被目标参展商和观众作为首选对象。

（三）扩大会展品质认知度

品质认知度指的是目标参展商和观众对会展整体品质或卓越性的感知程度。这一认知程度决定了参展商和观众对会展的好坏评价以及高低档次的判断。品质认知度对会展发展至关重要：首先，为目标参展商和观众提供了充分的理由选择参加会展；其次，赢得目标参展商和观众的认同，提高参与的积极性；

再次，有助于会展的销售代理进行招展和招商；最后，有助于创造竞争优势，推动会展持续发展。

（四）创造会展品牌联想

会展品牌联想是指在目标参展商和观众的记忆中与该会展相关的各种联想，包括对会展的类别、会展的品质、会展的价值和会展的利益等的判断。会展品牌联想有积极和消极之分，积极的会展品牌联想有利于强化会展的差异化竞争优势，使目标参展商和观众对会展的认知更趋于全面，并可帮助目标参展商和观众进行参展或参观选择决策。

（五）提升展会品牌的忠诚度

目标参展商和观众对一个会展品牌的忠诚度越高，就越倾向于参加该会展，品牌忠诚度可以分为无忠诚度、习惯参加某会展、对该会展满意、情感参加者和忠贞参加者五个层次。

> **知识链接** | **注重品牌管理，追求可持续发展**
>
> 上海新国际博览中心自 Michael Kruppe 先生加入后，通过引入品牌管理和推出品牌 Logo，逐步建立了全球和行业内的高度认可度。上海新国际博览中心由上海陆家嘴展览发展有限公司与德国展览集团国际有限公司于 1999 年联合投资建造，是中德合资合营的第一家展览中心，也是中国最成功的展览中心之一。上海新国际博览中心秉承"专业智慧，领先服务"的品牌理念，以举办国际一流贸易展览而享誉全球。
>
> Michael Kruppe 先生在谈及自己深爱的行业时说："作为一个品牌，我们十分重视质量和客户承诺。最重要的是我们关注安全、服务和满意度，博览中心致力于创造一个安全的展览环境，并提供高效专业的服务，以满足所有主办展商的需求和期望。"
>
> 上海新国际博览中心在面对数字化和人工智能等新技术的挑战时展现出了开放创新的态度，积极应用新技术，提升服务质量和运营效率。例如，通过预约管理制度，中心使卡车进入场地的时间更加有效，解决了周边交通拥

堵的问题。此外，中心还与腾讯、阿里巴巴等公司合作，共同推动展览业务的数字化升级。中心还积极应用人脸识别和身份验证等新技术手段，以提高展会的效率和安全性。

资料来源：李莉. 上海新国际博览中心：开放创新，链接未来. 中国周刊，2024-03-12.

拓展案例

品牌会展——汉诺威工业博览会

汉诺威工业博览会（HANNOVER MESSE）是全球专业性、涉及工业领域最大的国际性贸易展览会之一，该展创办于1947年，每年举办一届。它不仅拥有世界最大规模的展示场地，而且技术含量极高，被公认是联系全球工业设计、加工制造、技术应用和国际贸易的最重要的平台之一。

以"工业转型——创造不同"为主题的2023年汉诺威工业博览会于4月17日至21日举行，全球各大制造业厂商纷纷亮相，带来新产品和新技术。本届汉诺威工业博览会主要涉及五大议题，包括工业4.0、人工智能和机器学习、能源管理、氢和燃料电池以及碳中和生产。来自世界各地大约4000家机械设备制造、电气和数字化行业以及能源工业领域的企业在这次国际会展中展示自己的创新生产和能源供给解决方案。

汉诺威工业博览会是一项双赢的活动。对于展商而言，这是宣传品牌和创新产品的机会。对于观众而言，这是充分利用展会现场寻求完善解决方案的最佳方式。本次展会期间，训练有素的向导带领观众在展馆内开展不同主题的导览活动，进入特定的主题展区以了解最新的创新成果和展会亮点。

历经70多年的发展，汉诺威工业博览会由最初的德国出口贸易展览会成长为规模最大的国际工业盛会，被认为是联系全世界技术领域和商业领域的重要国际活动，成为名副其实的"世界工业发展的晴雨表"。

本章核心概念

会展产品 Exhibition product　　**会展生命周期** Product life cycle
会展品牌 Exhibition brand　　**会展服务** Exhibition service

进阶讲堂

 >>> 活动

本章习题

一、简述题

1. 简述会展产品的概念和层次。
2. 会展产品开发需要注意哪些问题?
3. 简述产品组合的类型。
4. 会展产品的生命周期有哪几个阶段?对应的营销策略有哪些?

二、实训演练

活动主题:认识会展产品和服务。

活动目的:增强感性认识,实地感受会展产品和服务。

活动流程:

1. 将全班分成若干小组,4~5人为一组,以小组为单位进行活动,参观一次大型展会活动。
2. 对本次展会进行调研,从观众角度感受会展产品和服务,并提出改进建议。
3. 以小组为单位提交调查报告。
4. 老师对其进行评价和质量评分,并计入总成绩。

老师评价

第五章
会展产品定价

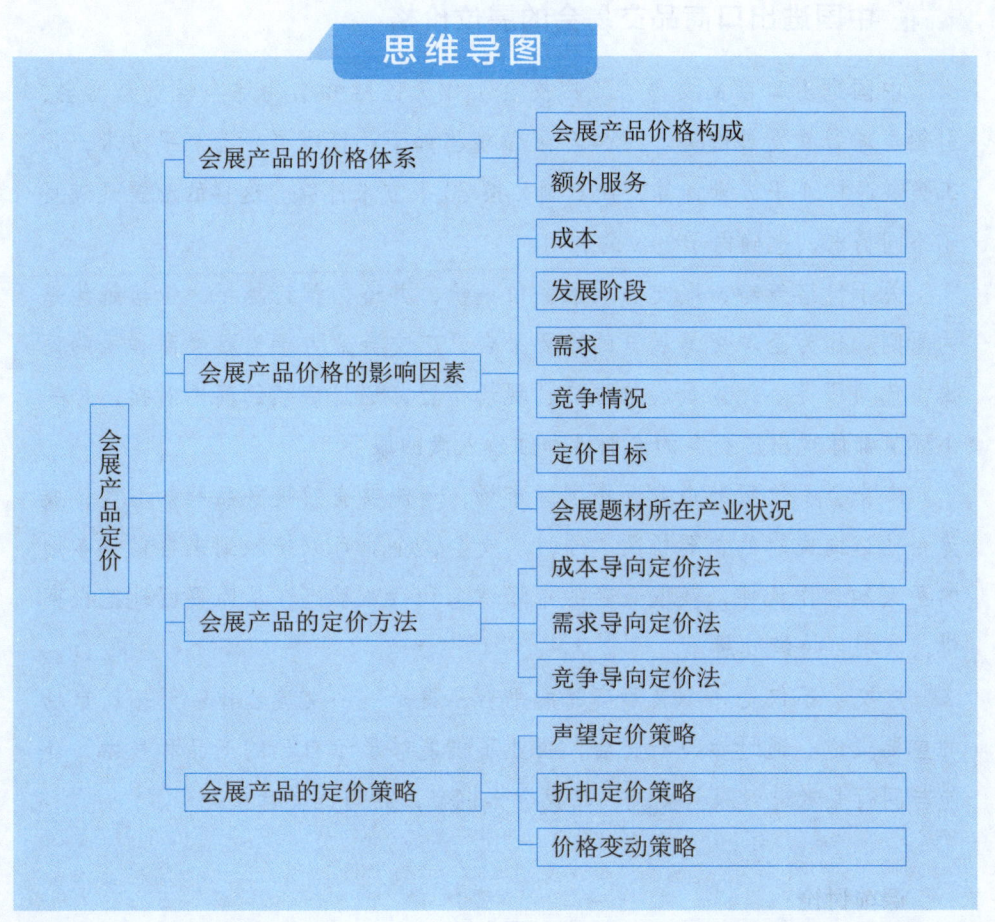

🎯 **学习目标**

- 了解会展产品的价格体系
- 理解会展产品价格的影响因素
- 掌握会展产品的定价方法
- 掌握会展产品的定价策略

案例导引 中国进出口商品交易会的展位价格

中国进出口商品交易会（广交会）作为国际知名的综合性贸易盛会，引领全球贸易发展趋势。2024 年展位规格如下：标准展位为 9 平方米，化工类展品按 4 平方米计算，铁石制品按 20 平方米计算。这样的配置既满足了不同需求，也确保了展位的利用。

关于价格策略，广交会采取一位一价，并遵循预订越早，价格越优惠的原则。作为全球贸易展览的重要平台，广交会致力于为参展商和采购商提供优质服务。无论是展位预订、现场布置，还是后续的商贸对接，每一个环节都体现出广交会的专业性和细致入微的服务。

广交会不仅帮助企业开拓国际市场，还能够有效提升品牌知名度，成为企业迈向成功的重要桥梁。通过广交会，企业可以接触到来自世界各地的买家和合作伙伴，获取最新的市场信息和行业动态，从而更好地把握商机，实现可持续发展。

广交会不仅是一个展示产品的平台，更是一个交流合作、开拓新市场的重要渠道。通过参与广交会，企业不仅能够展示自己的产品和技术，还能与同行业者进行深入交流，寻找合作机会，共同推动行业进步。

课前讨论：

1. 广交会遵循预订越早，价格越优惠的原则，请你思考这一价格策略的优点和潜在缺点各有哪些？

2. 广交会应如何应对可能出现的参展商预订延迟或取消问题？

第一节 会展产品的价格体系

一、会展产品价格构成

会展产品和有形实物产品不同,会展产品的核心是服务。因此,会展产品定价实质上是对会展举办过程中的具体服务定价。为了进行确切的定价,需要先对会展产品价格的构成进行分类。

从收入来源角度看,会展产品定价工作主要涉及基础服务和额外服务。不同类型会展活动的服务定价方式存在较大差异。会议的定价方式主要是会务费,展览的定价方式主要是展位费,节庆的定价方式主要是门票。而额外服务的定价方式主要包括广告收入、企业赞助和其他收入。随着会展活动形式的逐渐融合,基本服务类型的界限越来越模糊。会展活动的价格构成变得更加灵活,营销人员应该根据实际情况进行组合。

图 5-1 展会主场服务处

5-2 展会餐饮服务区一角

(一)会务费

会务费是会议活动的主要定价方式,也称注册费,通常是与会者参加会议支付的项目价格,常见的收费项目包括住宿、餐饮、参加大会和论坛费用、会刊、礼品费、会议管理费等。根据食宿安排情况,会议收费分成两类:一是参会人员食宿自理,二是食宿由会议统一安排。根据有无单项收费分成两类:一是与会人员缴纳会务费可以参加大会所有活动,二是各类项目分开收费。

(二)展位费

展位费是展览服务价格中最重要的组成部分,指展位的出售或租赁费用。展位价格根据场地和展位类型可分为室内和室外展位、标准展位和光地价格。在策划和举办会展时,会展企业通常从会展中心批发一定面积的场地或一定数量的展位,以计量单位零售给参展商。展位费通常包括展位租赁费和指定搭建商费用,参展商自行雇用搭建商则只需支付租赁费。展位费与展台大小、位置优劣以及行业发展水平和支付能力相关。

图 5-3　参展商展位

 知识链接 | 2020 中国国际铝工业展展位价格

标准展位（3m×3m=9m^2）19 800RMB/个。

室内光地（不低于 36m^2）3200RMB/m^2。

标准展位配置:公司楣板、9 平方米地毯、基本照明、220V 电源插座一个、咨询桌一张、折椅两把。

光地配置:光地只提供相应面积之空地。

会务费 500 元/人用于会议资料、午餐、纪念品等。

其他展品运输、住宿等事宜,将以参展商手册为准。

(三)门票收入

门票收入是节庆活动的主要收入来源之一。精心设计的门票销售策略不仅能够带来经济利益，还能吸引更多潜在观众，增加额外收入。门票价格的高低主要取决于展会的影响力和展览内容的可观赏性。影响力大、可观赏性高的展会往往门票价格较高，具有观赏价值的交易型展览会，通常免费对观众开放。

二、额外服务

（一）广告收入

展会中的广告是指参展商承担费用，通过展会组织者提供的各种媒介和形式直接或间接地宣传推介参展企业的商品或服务。展会主办单位可以扩大展会的综合收入，为参展商提供更多可选择的服务项目。因此，如何利用展会的宣传促销平台并为参展商等客户提供广告宣传服务非常重要。

展会提供了广阔的广告空间，主办单位选择适合展会特点的广告形式，将其销售给合适的参展商。常见的广告形式包括实体平台（如会刊和大屏幕视频展示）和电子平台（如展会官网和微信推广）。不同广告媒介的宣传效果决定了不同宣传平台的价格，也取决于展会的影响力和宣传平台的接触目标受众能力。

 知识链接 | 2020年中国国际铝工业博览会市场宣传机会

市场宣传机会索引 Index to Creative Marketing Opportunities	
展前宣传机会 Before the Show	
电子宣传 E-Promotion	1. 网站宣传 Website Advertisement (已售/SOLD) 2. 电邮请柬/展会电子快讯广告 Banner AD on Email-Blast invitation and Email-Show Updates
印刷宣传 Print-Promotion	3. 请柬广告 Invitation Flyer Advertisement (已售/SOLD) 4. 展会预览 Show Preview (已售/SOLD)

展中宣传机会 During the Show	
印刷宣传 Print Promotion	5. 展会会刊广告 Show Directory Advertisement 6. 手提袋 Visitor Carrier Bag (已售/SOLD) 7. 手提袋宣传资料 Carrier Bag Inserts 8. 参观指南 Visiting Guide 9. 参观指南中的展位图标注 Highlighted Floor-Plan in Visiting Guide
现场宣传 Show Onsite Promotion	10. "买家与展商接待晚宴"的赞助 "Buyers/VIP and Exhibitors Reception Dinner" Sponsorship 11. 吊带 Lanyard (已售/SOLD) 12. 参观胸牌 Visitor Pass 13. 展会纪念品 Event Souvenir 14. "你在这里"指示牌 You Are Here Panel Sponsorship 15. 观众登记处 Registration Area 16. 地面向导 Foot Mark
展馆内外宣传 Promotion within the Venue	17. 室外移动广告牌 Movable AD Outdoor Board (售出1块/ONE SOLD) 18. 移动式展馆指示牌 (售出1块/ONE SOLD) 19. 南入口厅长廊广告 Corridor Advertisement 20. 展馆入口处立式形象板 Free Standing Backdrop at Main Entrance 21. 现场条幅广告 Onsite Banner

（二）企业赞助

企业赞助也是一种广告形式，指会展企业有计划地向展会项目和活动提供资金支持，并换取广告曝光和其他回报。赞助广告主要介绍参展企业整体特征，旨在吸引观众并促进合作。赞助价格根据展会影响力、赞助商数量和类别等因素而定。一般来说，影响力较大、独家赞助的价格高于多家赞助的价格，赞助商赞助事项级别越高，支付的价格越高。展会组织方应根据展会特点制定合理的赞助价格，并为赞助商设计有吸引力的回报方案。

（三）其他收入

为了增加展会的总收入，主办单位应该进一步利用展会期间产生的各类信息，推出衍生产品以形成新的收入来源。这些衍生产品包括参展商数据、专业观众数据、会议和论坛的出版物、纪念品等。此外，还可以录制会议过程并制作成光盘，在线销售给无法参加会议的人。这种做法不仅扩大了会议的受众范围，还为主办单位带来了额外收入。

第二节 会展产品价格的影响因素

会展企业在为产品定价时，需要综合考虑各种因素。会展产品价格的影响因素包括以下几个方面：

一、成本

成本费用是影响会展定价的重要因素。会展企业应该了解产品成本的构成和特点，从而采取相应的价格措施和策略。会展产品成本是向消费者提供会展服务所发生的费用总和，主要包括会展场地费用、会展宣传推广费用、招展招商费用、相关活动费用、办公及人员费用以及其他运营成本费用。

二、发展阶段

每个会展都会经过培育、成长、成熟和衰退四个发展阶段，在培育阶段，价格设置不宜过高；在成长阶段，会展价格可以适当提高；在成熟阶段，会展价格基本固定；在衰退阶段，会展价格应该降低。会展企业在制定会展价格时应该充分考虑会展处于的发展阶段。

三、需求

会展企业进行定价时必须要考虑到参展企业的需要状况及支付能力。如果定价太高，会使参展企业认为价格与会展企业所提供的产品价值不相匹配，使会展企业失去获得的机会；如果定价太低，不能补偿会展经营中成本及各种费用。因此，会展企业进行定价时要考虑参展企业的需求状况。

四、竞争情况

会展企业定价要充分考虑市场竞争状态。评估本会展在市场上处于的地位，如果处于市场领先地位，可以将价格定得高一些；如果处于跟随地位，需要将价格定得低一些。

五、定价目标

会展的定价目标一般有利润目标、市场份额目标、撇取目标、质量领先目标和生存目标五种。在制定会展价格时,这些目标都是需要考虑的重要因素。例如,如果会展价格目标是以会展生存为主,通常价格会定得比较低。

六、会展题材所在产业状况

主要考虑该产业平均利润率的大小和该产业的市场发展状况。产业平均利润率的大小决定了该产业所属企业的可能盈利水平和支付能力。如果产业平均利润率较小,会展价格过高,企业将无法承受;反之,会展价格就可以相应地定得高一些。产业的市场发展状况也是制定会展价格时需要考虑的另一个重要因素。例如,如果处于卖方市场状态,会展供不应求,办展机构的议价能力就强,反之则较弱。

第三节 会展产品的定价方法

一、成本导向定价法

成本导向定价法是以办展成本作为定价依据的方法,由于考虑的因素相对简单,操作方便,这种定价法常被会展企业所采用。

(一)成本加成定价法

成本加成定价法是指在单位展位成本基础上加上一定的加成金额作为会展企业盈利的一种定价方法。成本加成定价法有两种计算方式。第一种是在成本上附加一个标准的加成作为单位展位的出售价格,其计算公式为:单位展位价格=单位展位成本×(1+加成率)。第二种为在展位售价中包含一定加成率作为单位展位的出售价格,其计算公式为:单位展位价格=单位展位成本÷（1-加成率）。

前者是以成本为基准，后者是以售价为基准，赚取一定标准的加成。成本加成定价法的优点为操作方便且简单易行，缺点是没有考虑到市场竞争和需求情况。因此，办展机构为展位定价时，应将该方法与其他定价方法配合使用。

（二）盈亏平衡定价法

盈亏平衡指的是会展收入能弥补会展的所有支出和成本，能够使会展项目达到盈亏平衡的价格就是会展盈亏平衡价格。其中有两种表现形式：一是以单位展位的价格来表示，盈亏平衡价格等于会展的总成本除以会展的总展位数，得出的是每个展位的平均价格。二是以单位面积的价格来表示，盈亏平衡价格等于会展的总成本除以会展的总展览面积，得出的是每平方米展览面积的平均价格。

会展的盈亏平衡价格是以生存为目标和以利润为目标的定价策略的重要参考值。如果单位价格低于这个水平，会展就会出现亏损，会展的盈亏平衡价格是其他定价方法的重要参考值。

二、需求导向定价法

需求导向定价法是指根据参展商对展位价格的期望来制定价格，其中包括以下两种：

（一）市场认可价值定价法

市场认可价值定价法正是以目标客户对商品价值的判断及理解程度作为定价的基本依据。只有商品的实际价格在消费者的价值判断区间时，才会进行购买。因此，办展机构要提前了解展会在参展商心目中的价值，结合成本导向最终确定展位的实际价格。

（二）需求差别定价法

需求差别定价法指的是根据客户需求的不同制定差异化的展位价格，主要包括以下几种形式：

1. 因客户而异

对于新客户和老客户、组团参展和一般参展、国内参展商和国外参展商，同样的展位报价各不相同。

表5-1　第106届广交会基础定价方案

客户类别	光地价格	标准展位价格（3米×3米）
国内企业	1400美元/平方米	13 800元/9平方米
合资企业	2200美元/平方米	20 000元/9平方米
外企企业	360美元/平方米	3800美元/9平方米

2. 因位置而异

根据展位在场馆中所处的地理位置不同，制定不同的价格。地理位置优越，展位费较高，反之则较低。

表5-2　2021上海国际专业灯光音响设备与技术展览会展位报价方案

区域/类别	光地价格	标准展位价格（3米×3米）
优越区	2000元/平方米	23 000元/9平方米
普通区	1400元/平方米	17 000元/9平方米

3. 因时间而异

主办方根据参展商报名参展及支付费用时间不同而制定不同的价格。支付费用越早，价格就越低。

表5-3　2020第二届大连国际动力传动与控制、空压机暨通用零部件制造装备展览会价格优惠方案

优惠条件	优惠措施
2019年12月31日前参展	惠赠免费会刊彩色广告1页或原展位价格优惠15%
2020年3月30日前参展	惠赠免费会刊黑白广告1页或原展位价格优惠10%

三、竞争导向定价法

竞争导向定价法是指会展企业以市场上相互竞争的同类会展产品价格为定价基本依据，来确定本展会产品价格的一种定价方法。办展机构要考虑那些

与本展会有竞争关系的同类展会的价格，评估本展会在市场上处于何种地位，调整并确定价格。

（一）随行就市定价法

随行就市定价法是一种广泛应用于竞争导向定价的策略。它指的是会展企业根据同类会展产品在本题材或本地区竞争者的平均价格水平来制定价格。在产品需求弹性较小或供需基本平衡的市场中，这是一种较为稳妥的定价方法。采用这种定价策略可以在很大程度上规避定价风险，避免价格战，对竞争能力较弱的中小型展会尤为有利。

（二）领先定价法

领先定价法是指会展企业不受竞争对手产品价格的影响，设定高于同类展会平均价格水平的展位价格。这种定价方法适用于知名展会、行业垄断性展会以及需求弹性小的展会。

（三）低于对手定价法

办展机构为展会制定低于同类展会平均价格水平的展位价格，提高市场占有率。这种定价方法适用于竞争激烈、需求弹性较大的展会以及新进入市场的展会。办展机构用低价制约竞争对手，以保持展会的市场竞争地位。

（四）追随定价法

追随定价法是指会展企业根据龙头企业的价格调整自己的价格，不主动挑起价格战，是一种适应市场竞争的防御策略。

 知识链接 | 中国—东盟博览会优惠方案

一、参展优惠

（一）国内参展企业优惠：直接在中国—东盟博览会官方网站报名，符合下列条件之一，可享受展位价格原价八折优惠（优惠不叠加）。

1. 2022 年 7 月 10 日前报名（专业展除外）。

2. 2 次以上（含 2 次）参展。

3. 参展规模超过200平方米。

（二）云上东博会：确认参与实体展的企业均可免费获得全年云上东博会线上展位。

（三）参展商讲坛：为知名参展企业举办项目推广、经销商对接等专场经贸活动提供免费场地。

二、专业观众优惠

（一）专业观众专享优惠：经中国—东盟博览会秘书处确认的专业观众可专享以下优惠。

1. 指定酒店住宿补贴，集中入住酒店往返展馆等服务。

2. 优先安排参加商贸促进对接活动。

3. 协助联系广西区内园区或企业的考察活动。

（二）线上线下投资贸易精准配对服务：2022年8月31日前在网上预先登记或团组报名的专业观众均可享受免费贸易、投资配对服务，中国—东盟博览会秘书处将根据专业观众采购或投引资需求，安排与相关客商进行一对一线上线下投资贸易洽谈对接。

（三）买家提名邀请：参展商提名买家邀请名录，中国—东盟博览会秘书处将协助邀请，并给予受邀买家酒店住宿优惠。

资料来源：中国东盟博览会CAEXPO．第19届中国—东盟博览会参展参会公告，2022-04-27．

第四节 会展产品的定价策略

一、声望定价策略

声望定价指的是对于在参展商心目中享有盛誉、具有较高知名度的展会制定高于同类展会平均价格水平的展位价格，以高价格提升客户对展会的价值判断。办展机构运用声望定价策略，对知名展会设定高价格，对目标客户识别该展会形成心理暗示，提升会展利润。

二、折扣定价策略

（一）数量折扣

数量折扣是指根据参展商购买展位的数量提供不同的折扣。这一策略旨在鼓励参展商增加购买量，建立长期业务关系。数量折扣通常依据参展商的认购面积或购买的展位数量计算，参展面积越大，折扣越高。当参展面积达到一定规模时，折扣则不再增加。

（二）现金折扣

现金折扣是对在付款期内以现金付款或提前付款的参展商提供一定的折扣，鼓励参展商尽早注册和付款，加速资金周转。一般情况下，参展商决定参展的时间越早，获得的折扣力度越大。支付参展费用的时间越提前，获得的折扣也越多。

（三）特别折扣

特别折扣是指会展企业为鼓励目标客户持续参展而采取的价格策略。老客户可以根据参加历届展会的累计面积享受折扣；新客户可以享受特别折扣，保持参展意愿；参展规模大、行业知名参展商可以获得专门折扣；团体客户联合认购展位可以获得一定比例的优惠，团体认购面积越大，折扣越大。

三、价格变动策略

在外部环境以及会展内部条件发生变化时，为保持价格竞争力，会展企业需要进行价格调整。主要表现在两个方面：当会展项目的成本大幅上升或客户需求显著增加时，会展企业可以适当提高价格，增加企业利润；当面临较大竞争压力或客户需求显著减少时，会展企业可以适当降低价格，保持市场竞争力。

拓展案例

第 40 届中国国际体育用品博览会展位价格体系

展位报价

光地：1550 元 /m^2，54m^2 起售

标准展位：15 500 元 / 个，9m^2 / 个

通道费：2500 元 / 家，标准展位 / 豪华标展两面及两面以上临通道的一次性加收标准展位升级包，1500 元 / 个，不享受优惠政策。

优惠政策

1. 会员折扣：成为中国体育用品业联合会会员单位，并连续缴纳两年以上会费可以享受展位费优惠 10%（9 折），可与连续参展折扣叠加。

2. 体博会连续参展折扣：同一签约公司（以纳税人识别号为准），已连续参展两年，第三年参展展位费优惠 19%（8.1 折），叠加会员单位折扣最终优惠 29%（7.1 折）；已连续参展三年，第四年参展展位费优惠 28%（7.2 折），叠加会员单位折扣最终优惠 38%（6.2 折）；已连续参展四年，第五年参展展位优惠 35%（6.5 折），叠加会员折扣最终优惠 45%（5.5 折）。

展位说明

1. 光地：54 平方米起租。

2. 普通标准展位：9 平方米（长 3 米 x 宽 3 米）。

配置：一个咨询桌，两把折椅，两只射灯，一个垃圾篓，一个 500w 电源插座，楣板有中英文公司名称及展位号。

3. 升级标准展位：9 平方米（长 3 米 x 宽 3 米）。

配置：在标准展位基础上加高楣板、增加耳标、一张圆桌、两把折椅、饮水机及一桶水。

4. 标准展位改特装：按照标准展位价格标准收费，展商须提前申报标准展位改特装，并按照特装搭建规定进行报馆审核，通过后方可进场搭建布置。

资料来源：中国国际体育用品博览. 2023（第 40 届）中国国际体育用品博览会展位价格体系，2022-11-01.

本章核心概念

定价定法　Price & pricing　　**成本导向定价法**　Cost-based pricing

需求导向定价法　Demand-driven pricing　　**声望定价**　Prestige pricing

折扣定价　Discount pricing

本章习题

一、简述题

1. 会展产品定价的方法有哪些？
2. 影响会展产品定价的因素主要有哪些？
3. 成本导向定价法是最常用的一种定价方法，除了关注成本之外，会展营销人员在定价时还面临哪些困难？

二、实训演练

活动一

活动主题：体验会展项目产品定价。

活动目的：增强感性认识，掌握会展产品定价。

活动流程：

1. 将全班分成若干小组，4～5人为一组，以小组为单位进行活动。
2. 选定一个会展项目，对项目中的产品进行定价。
3. 以小组为单位提交价格表。
4. 老师对其进行评价和质量评分，并计入总成绩。

老师评价

活动二

活动主题：分析会展定价方法和定价策略。

活动目的：增加感性认识，深入调研会展项目的价格方案。

活动流程：

1. 将全班分成若干小组，4～5人为一组，以小组为单位进行活动，参观一次大型展会活动。

2. 深入调研展会的价格方案，分析该展会采用的定价方法与定价策略，对比同类展会分析该展会定价方面可能存在的问题，并提出改进建议。

3. 以小组为单位提交书面报告。

4. 老师对其进行评价和质量评分，并计入总成绩。

老师评价

第六章 会展促销

思维导图

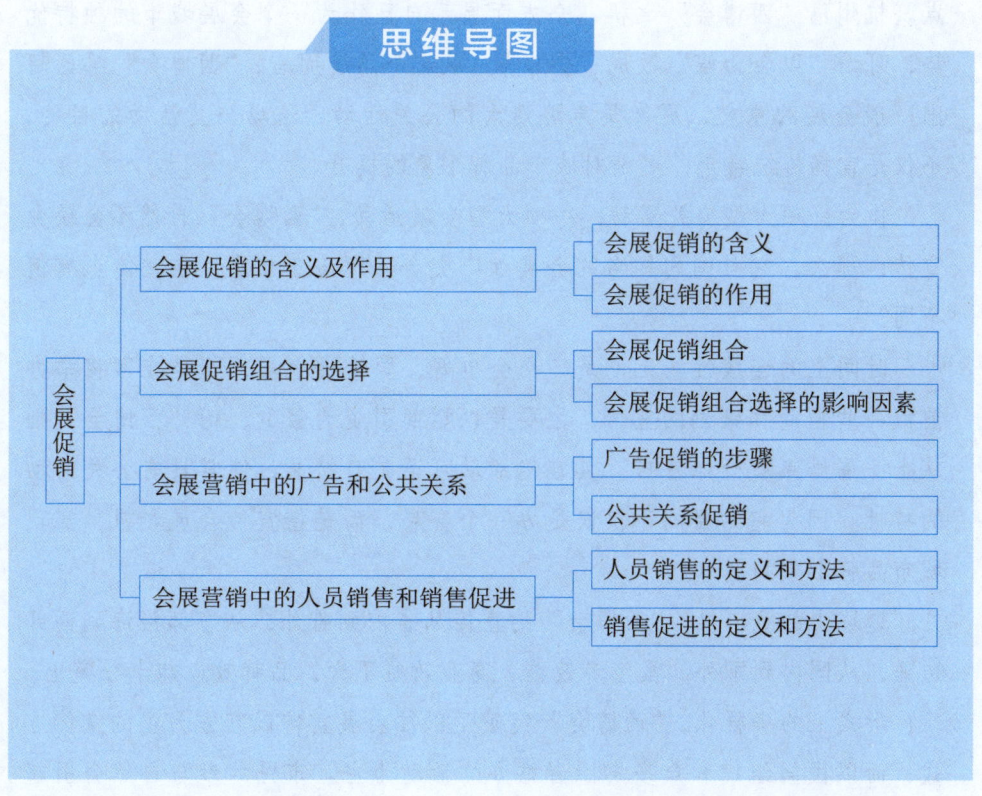

🎯 **学习目标**

- 理解会展促销的含义。
- 正确制定企业的促销组合决策。
- 掌握广告促销和公共关系促销的内容和方法。
- 掌握人员销售和销售促进的特点和方法。

 从"西博会"看会展公关对品牌形象的提升

第五届西湖博览会（以下简称"西博会"）堪称是中国城市会展中的亮点。杭州借"西博会"之机，全方面展示自己作为一个会展城市的独特优势，可谓"以会为媒"欲成"会市"。从这个角度而言，"西博会"早已超出一般会展的意义，更像是声势浩大的公关活动，这场公关活动的目的，不仅是宣扬传统特色，更是对城市品牌形象的提升。

作为一项大型公关活动，一项大型会展活动，"西博会"自然不会缺少宣传，那么，它与国内知名的会展如广交会、贸洽会相比，在宣传上有何不同？

时间上的连续性。无论是广交会也好，贸洽会也罢，都是在即将举办前做一些招商和策划的宣传，主要是以招商引资为目的，而"西博会"则从上一届结束就开始宣传。其宣传活动可谓旷日持久，使其具有公关活动的特性。因为它的目的不仅仅是办一个会展，而是借宣传会展之机，实现城市品牌形象的展示。

地域上的宽广性。"西博会"的宣传从省内到省外，从东部沿海到西部边陲，从国内到国外。虽经济效益、商业效益不大，品牌效应却十分突出。

形式上的多样化。"西博会"突破了以往会展宣传以官方为主的宣传方式，而以民间组织和众多志愿者举办的活动为主。市民的参与自然会引起媒体的关注，因此，"西博会"得到多个地方媒体的广泛报道。

资料来源：李漪．从"西博会"看会展公关对城市品牌形象的提升．公关世界，2004(01)：24．

课前讨论：

"西博会"的会展公关活动是如何达到传播推广效果的？

第一节 会展促销的含义及作用

一、会展促销的含义

会展促销是会展企业通过适当的营销宣传手段，向目标受众传递会展项目与服务的有关信息，从而影响目标受众的购买行为，促进会展产品的销售。

二、会展促销的作用

（一）传播信息

通过会展促销活动使参展企业了解会展产品与服务的有关信息，充分利用多种媒介宣传推广，为会展企业产品销售成功创造条件。

（二）刺激需求

通过促销活动，加深参展企业对会展项目的认识，诱导或激发需求，促使其购买，从而扩大销售。

（三）强化竞争优势

通过传递同类会展项目的差异化信息，让参展企业意识到所宣传项目的独特性和竞争力。

（四）树立良好形象

在扩大销售的同时，提升会展企业和项目在公众中的形象，为企业的长期发展创造条件。

第二节 会展促销组合的选择

一、会展促销组合

会展促销方式根据信息发送者与接收者是否存在人际交往,分为人员促销和非人员促销两类。人员促销是指需要会展主办方的工作人员与个人或团体直接互动进行信息传递,包括直接营销和人员销售。非人员促销,是指不经人员接触而进行的一种信息沟通方式,包括广告、销售促进、公共关系以及事件营销等。而会展促销组合指的是将广告、公共关系、人员销售、销售促进、直接营销等人员和非人员促销工具组合在一起,用来达成展会主办方的营销目标。

(一)广告

通过特定形式的媒体,以非人员的方式,向公众传递展会创意、产品或服务的宣传手段,包括电视、广播、报纸、杂志、网络等其他形式。

(二)公共关系

通过有利的宣传,树立良好的展会形象,并应付或阻止不利的谣言、新闻或事件,目的是与会展企业的各利益相关者建立良好关系、促进展会销售。

(三)人员销售

会展企业的销售人员通过与顾客直接互动,介绍会展产品或服务,以实现销售和建立顾客关系的目标。

(四)销售促进

通过使用折扣、赠券和现场演示等激励措施,旨在鼓励和刺激消费者迅速购买会展产品或服务。

(五)直接营销

会展企业绕过中间渠道,与目标客户直接联系获取回应并建立持久顾客关系的销售方式。常用工具包括电话、邮件、传真、电子邮件和互联网。

（六）事件营销

通过策划和组织具有新闻价值、社会影响或名人效应的事件，吸引媒体、社会团体和消费者的关注，以提高展会知名度和美誉度，树立品牌形象。

二、会展促销组合选择的影响因素

会展促销的目标受众复杂，传递的内容广泛，营销人员必须组合使用多种促销工具，以实现预期的促销效果。组合使用能使各类促销方式在一个策略中互相补充，发挥各自优势。在选择和组合促销工具时，需要考虑以下因素：会展活动的类型、客户和市场特性、会展的发展阶段、环境和促销预算等。

（一）会展活动的类型

对于不同类型的会展活动，其目标客户获取信息的渠道和对信息内容的需求各不相同，因此促销工具的选择和侧重点也应有所区别。例如，面向普通观众的消费展倾向于在销售促进和广告上投入较大的成本，而面向专业观众的商贸展则会在人员销售上更加注重。营销工具的选择还应考虑与展会的规模相适应，提升营销效果。

图 6-1　面向大众的品牌消费节

（二）客户特性

对于重要的潜在客户，应采用多媒体联合营销策略，不仅通过网站、报刊广告等媒体传递展会信息，还要安排专业人员进行电话邀请或通过电子邮件发送邀请函。对于重要客户，必要时还应进行登门拜访。

（三）市场特性

目标市场的集中程度、购买习惯、经济状况等因素都会影响促销策略的选择。例如，在市场集中度较低的地区，广告的效果较为显著；而在市场集中度较高的地区，人员推销效果更佳。对于专业展和商贸展，因其目标市场集中，广告应投放于行业媒体；对于综合展和消费展，则应选择大众媒体。

（四）发展阶段

会展项目每个阶段的特点不同，在导入期，广告、事件营销和体验营销的性价比最高，其次是人员销售等方式，提升目标受众的认知。在成长阶段，口碑营销和活动营销能显著提升需求。在成熟阶段，人员销售变得尤为重要。在衰退阶段，销售促进仍然有效，其他促销工具的作用逐渐减弱。

（五）营销环境

当市场需求和会展企业的内外环境变化时，企业目标和促销方式组合也需调整。市场或环境的变化可能导致某一促销方式中的某个子要素发生变化，从而影响整体促销策略。

（六）促销预算

促销方式组合通常受限于费用预算，会展预算直接影响促销工具的选择。如果预算充足，选择余地更大。需根据目标受众的特点和促销目标，在预算范围内合理地利用促销组合。

知识链接 | 第二十一届国际果蔬食品博览会圆满闭幕

10月22日下午，由山东省人民政府和商务部联合主办，烟台市人民政府和山东省商务厅承办的第二十一届国际果蔬·食品博览会在烟台国际博览中心圆满落下帷幕。为期3天的展会期间，展览面积达2万平方米，500余家海内外企业亮相展会，现场参观人数达到3.6万人次，意向成交额5.6亿元，为观众呈现了一场果蔬盛宴。二十一载光阴，果蔬会伴随行业发展不断淬炼升级，再次向业界展示了烟台作为"中国食品名城"的城市魅力与展会效益。

本届展会共吸引了国际展商19家，市外展商211家，烟台本地展商200余家，参展展位总计864个，其中，特装展示面积占总展示面积的64%以上，境外企业参展面积占总展示面积26%。

为迎合新消费主力，与时俱进，果蔬会紧抓流量密码，联合抖音、今日头条、腾讯、小红书、天猫、快手等新媒体平台与本地网红媒体一起，打开展商与展会、平台与品牌更深度的创新合作模式。抖音总曝光1.28亿，同城热榜TOP2，网络媒体曝光量达到3855万次，私域社群人数达到800万。现场各展台开设直播间，利用淘宝、抖音、快手、小红书直播等推介展会产品，扩大展会传播声量，实现"数字果蔬会"。同时，打造线上线下联合宣传矩阵，各大主流媒体争相报道、线上线下融合传播，迅速形成立体式传播矩阵，推动展会"破壁出圈"。

第二十一届国际果蔬食品博览会为果蔬食品产业链上下游企业提供良好的交流合作平台。未来，国际果蔬会的整体运营将会更加专业化、精准化和国际化。

资料来源：于蓓佳. 第二十一届国际果蔬食品博览会圆满闭幕. 闪电新闻，2023-10-23.

第三节 会展营销中的广告和公共关系

广告促销是为了使用较低广告费用取得较好的促销效果，具体步骤包括分析广告机会、确定广告目标、形成广告内容、选择广告媒体、编制广告预算等。

一、广告促销的步骤

（一）分析广告机会

通过分析会展市场中竞争者、消费者、市场需求变化以及环境发展动态，根据会展企业营销目标和产品特点，找出广告最佳切入时机，为开展有效的广告促销活动奠定基础。

（二）确定广告目标

会展企业应该根据自身的情况，确定广告目标。广告促销的具体目标主要表现在使消费者了解会展产品和促进购买，提高产品与企业知名度，形成品牌偏好。

（三）形成广告内容

广告内容一般应含有三个方面信息：产品信息、企业信息和服务信息。广告内容要保证真实可信，信息具有一定的针对性，广告形式生动有趣、富有创意。

（四）选择广告媒体

选择广告媒体需要了解各种媒体特性。对于印刷媒体，可以通过广泛宣传会议或展览会，吸引参展商和专业观众，因此会展主办者在广告活动中经常使用报纸、期刊等印刷媒体。

（五）编制广告预算

电视广告的价格一般按照10秒、15秒或30秒的间隔分成几种；广播电台一般是从10秒到5分钟不等。会展企业可以找一个规模类似的会展项目，评估对媒体投入的回报。

二、公共关系促销

与一般商业广告有很大不同，公共关系广告不直接介绍企业的产品，其作用主要是塑造企业形象，促进公众的了解，进而推动商品的销售。对于会展行业来说，公共关系促销是指会展企业通过策划和实施能够引起公众注意的公共关系事件而达到宣传和推广目标的营销方法，其核心是建立与会展公众的良

好关系。公共关系作为一种促销手段,发挥间接促销的作用,能够获得长期效应。公共关系促销的工具一般包括以下几种:

(一)新闻报道

新闻是公共关系促销中最重要的工具之一。营销人员需要发现或创造与展会产品和人员相关的有利新闻,以引起公众关注。例如,展会期间有电视台报道展会盛况,对提升展会知名度起到了重要作用。因此,媒体策略受到展会组织者的高度重视。搜集新闻素材、加强新闻报道是会展宣传的重要方式,贯穿整个会展活动的过程。组织者常用的媒体策略包括记者招待会、提供新闻稿件和记者采访。在新闻发布会上,会展企业宣传并展示亮点。通过新闻发布会和记者专访,展会进一步得到推广,这种形式不仅有助于降低促销成本,还提高了展会的可信度。

图 6-2 媒体采访

(二)会议演说

会议演说是会展企业通过在权威的行业协会或销售会议上发表演说等形式宣传和推广会展项目的公共关系方式。这种方式的主要优点在于聚集了行业内的专业人士,并且受到媒体的高度关注,可以达到有效的公共关系促销效果。

(三)路演

路演是展会组织者在目标客户密集的地区和城市,通过举办关于展会推介的专业会议、新闻发布会、专家讲座等活动,加强与参展商和专业观众的交流与沟通，以期获得他们的支持和参与的宣传促销活动。例如，为吸引参展商和专业观众参与慕尼黑上海电子展，主办方在新加坡、深圳、北京、上海和苏州五个电子行业发达城市开展了集中路演活动。这次活动以专家演讲和推介为主要形式，邀请了许多重要参展商和有影响力的媒体参加，使慕尼黑上海电子展的地位得到了有效巩固。

 知识链接 | 第五届进博会在渝举行　首场招商路演拉开全国招商路演序幕

第五届中国国际进口博览会推介会暨首场招商路演11日在重庆两路果园港综合保税区举办。本次路演是第五届进博会线下路演活动首秀，拉开了全国大范围招商路演序幕。

中国国际进口博览会（简称"进博会"）是世界上第一个以进口为主题的国家级展会，自2018年举办以来，已成功架起外国企业深耕中国市场的桥梁，成为中国对外开放的重要窗口。第五届进博会将于2022年11月5日至10日在国家会展中心（上海）举办。

据介绍，第五届进博会在往年招商宣介基础上，今年新增了展客商撮合对接环节。在第五届进博会推介会暨首场招商路演上，来自医疗器械及医药保健展区与食品及农产品展区的20余家参展商以线上线下方式与川渝交易团的百余家采购商进行了洽谈交流，并建立了业务联系。

中国国际进口博览局招商处负责人杨博称，成渝地区双城经济圈专场路演启动标志着进博会路演全面启动。今年路演首次增加精准撮合对接环节，由展商与采购商与当地的招商引资部门进行精准撮合，进一步扩大了进博会的溢出效应，充分发挥进博会在国际采购和投资促进方面的平台功能，助力成渝地区招商引资和商务事业高质量发展。

重庆市商务委员会主任章勇武表示，重庆将进一步用好第五届进博会推介会这个重要平台，牢牢把握畅通国内国际双循环的经贸对接纽带，努力让更多优质商品进入成渝地区。并将以此为契机，加快推动成渝地区联手打造内陆改革开放新高地，协作共建国际消费目的地，为全球企业到成渝地区开拓市场、投资兴业提供更加便利的营商环境，创造更加广阔的发展空间。

据了解，在前四届进博会中，重庆市32个交易分团每年组织1000余家企业到会采购，采购商品主要包括食品及农产品、技术装备、医疗器械、日用消费品等。进博会重庆投资贸易合作恳谈会作为重庆市对外招商品牌活动，已连续举办四届，成为进博会期间重庆重要的招商推介和对外宣传平台。今年，重庆已启动进博会专业观众注册报名工作。截至目前，重庆累计有239家采购商、362人报名参加。

资料来源：刘相琳.第五届进博会在渝举行 首场招商路演拉开全国招商路演序幕.中国新闻网，2022-08-11.

第四节 会展营销中的人员销售和销售促进

一、人员销售的定义和方法

（一）人员销售的定义

在会展活动中，人员销售是最常用的促销方式之一。人员销售指的是会展企业派出营销人员，直接同目标市场的客户沟通信息、建立联系，促进其前来参展的一种促销方式。

（二）人员销售的方法

1. 直接发函

直接发函是将各种资料直接寄送给潜在参展企业，并邀请它们参加展会。这是一种直接的宣传方式，广泛应用于会展行业，且具备良好的成本效益。随着现代电子技术的迅速发展，利用电子邮件、传真等方式发送邀请变得越来越普遍。直接发函主要针对已知的参展企业，除了现有客户和潜在客户外，还应包括政府有关部门、商会、行业协会和新闻单位等。拟订参展企业名单是直接发函的关键工作。展览会组织者应建立参展企业数据库，并按行业、地区、产品兴趣和公司规模等标准进行分类。此外，参展企业还应积极参与其他公司的展览，从中寻找潜在客户并邀请其参展。

2. 直接联系

直接联系工作主要包括电话联系和登门拜访。电话促销是会展企业最常用的促销手段，通过电话可以与目标客户进行有效沟通。登门拜访是指会展企业营销人员通过直接走访的形式与目标客户进行面对面沟通，这种方式由于成本高，只针对少数重要的且具有商业价值的客户。

发函、电话、拜访工作应该结合起来。先发函邀请，再打电话邀请，最后上门邀请。直接联系可能是最有效的会展宣传方式，其局限是客户名单可能会有遗漏，要配合其他宣传方式，以吸引未发现的潜在客户，加强宣传效果。

二、销售促进的定义和方法

（一）销售促进的定义

销售促进是会展机构在广告、人员推销和公共关系之外，运用各种诱因，在特定市场范围和时间内刺激参展商需求和鼓励购买的促销活动。销售促进通常用于解决具体的促销问题，形式多样。近年来，随着会展市场的发展和竞争的加剧，广告成本显著上升。相比之下，销售促进因市场针对性强、短期促销效果显著，在会展行业得到了广泛应用和发展。

（二）销售促进的方法

会展销售促进可以采用以下几种方式来增强参展商和观众对会展的兴趣，激发购买动机，主要的方式包括礼品赠送、折扣、抽奖等。

1. 礼品赠送

会展礼品赠送指的是会展营销机构为了增加有形要素而提供的特殊宣传推广方式。例如，展会组织者可以向参展商赠送一定的展位面积或额外服务项目，或者向参展商和观众赠送一定数量的参观门票或礼品。

2. 折扣

折扣是指会展企业为了奖励参展商和观众的某些行为。例如，提前付款、批量购买或淡季购买，对基础价格进行调整，其中包括数量折扣、现金折扣和特别折扣。

3. 抽奖

抽奖是为消费者提供赢得奖品的机会。例如，观众可以凭参观门票参加抽奖，或者参展商可以按一定标准参与抽奖活动。

 拓展案例

消博会首个公众开放日　观众扎堆"买买买"

4月14日，在海口举行的第三届中国国际消费品博览会进入公众开放日首日，观众购买门票后可进入主场馆观展。因现场不少是免税商品，大家"买买买"的热情高涨，让会场变身消费品大卖场。

参展商拼人气花样百出

不论是独立展位还是合作展位，参展商为了拼人气推出多种活动。有的在展位上摆上自助投注机，推出领红包换彩票的活动；有的则把直播间搬到了现场，引发观众纷纷与主播合影；多个跨国洋酒集团不约而同地把"酒吧"搬到了消博会的现场，各种鸡尾酒现调，还有新品试饮。

在国际综合展区中，意大利有手工饰品现场制作，日本有整条金枪鱼解体秀，印尼展区几乎要让每个路过的人都得品鉴一下他们的咖啡，还有参展商直接把小型音乐会搬到了现场……

商品不仅免税还打折

"这辆车我们在消博会上有特殊折扣，在已经零关税的基础上，还能再便宜大概30万左右。"凯沃汽车的工作人员在介绍库里南时表示。"这款包在免税价基础上打9折。""对，这个是免税的，买两个还能送个小的。"

消博会不光是展览，参展商品现场也售卖。由于展会现场部分商品是免税销售，一些难以享受海南离岛免税政策的本地居民因此成了展会现场"买买买"的主力。不少展商也借着展会的人气，拿出了更大的折扣力度。

这一点在时尚精品展区非常明显，参展的十余家珠宝品牌大部分把销售现场搬到了展会，有的品牌光是导购就有将近20人。折扣也是一家比着一家，"我们家黄金每克减80元""我们家珠宝类可以享受两件8.3折""我们家会员还可以再打折"……

观众也很买账，只要坐下开始挑选，最终都会大包小包地离开。"我们就是冲着这个来的,比在外面买便宜很多。"也有的观众是看到折扣临时起意,"觉得很合适,但确实没什么想买的,就决定给儿子选个手链戴着玩。"

香化产品、包包服饰更是购物的热门,一些参展商的导购忙到分身乏术。"通过消博会,我们看到了国内消费品市场的活力不减。"一家跨国公司的负责人表示。

领纪念品打卡消博会

目不暇接的展区活动也调动了观众的热情。"我用领纪念品的方式打卡消博会。"自媒体人小郑告诉《北京青年报》记者,他是海南当地人,戏称自己已经"薅了三届羊毛",很有经验。小郑观展时拉着一辆露营车,时间刚到中午,这辆车里已经摆满了各式各样的展会纪念品,有杯子、饮料、化妆品小样、小包包、毛绒玩具等。小郑告诉北青报记者,这是他走了几个展馆,排了几十家展商的队才有的收获。

小郑表示,这些赠品有的是关注展商微信就能获得,有的需要深度参与比如填问卷、注册App、抽奖或做游戏。就连他拉着的露营车都是在消博会上一家银行现场办卡送的。"来之前会先看小红书上有什么商家的活动,具体在几点,做好规划。现场碰到一些更好的活动,也会分享给同伴。"而就在说这段话的不到一分钟时间里,就有几拨儿人过来问小郑某某纪念品是怎么领到的。

现场不少观众都像小郑一样乐于参与展商现场的活动,尤其是食品酒饮类展商的试吃试饮,人气爆棚。与其他展会不同,消博会上很少有展商靠宣传物料来吸引观众,各家主打的就是真试、真尝、真体验。

资料来源:张鑫. 消博会首个公众开放日,观众扎堆"买买买". 北京青年报,2023-04-15.

本章核心概念

会展促销　Exhibition promotion　　　**公关关系**　Public relations
广告促销　Advertisement promotion　　**人员促销**　Personnel promotion
销售促进　Sales promotion

进阶讲堂

 >>> 招观

本章习题

一、简述题

1. 会展促销的作用表现在哪些方面？
2. 影响会展促销组合选择的因素有哪些？
3. 阐述促销中各种媒体的优缺点。

二、实训演练

活动主题：认识会展促销。

活动目的：增强感性认识，掌握会展促销组合。

活动流程：

1. 将全班分成若干小组，4～5人为一组，以小组为单位进行活动，参加一个大型会展活动。
2. 分析此次活动的促销组合选择。
3. 以小组为单位提交分析调研报告。
4. 老师对其进行评价和质量评分，并计入总成绩。

老师评价

第七章 会展分销渠道

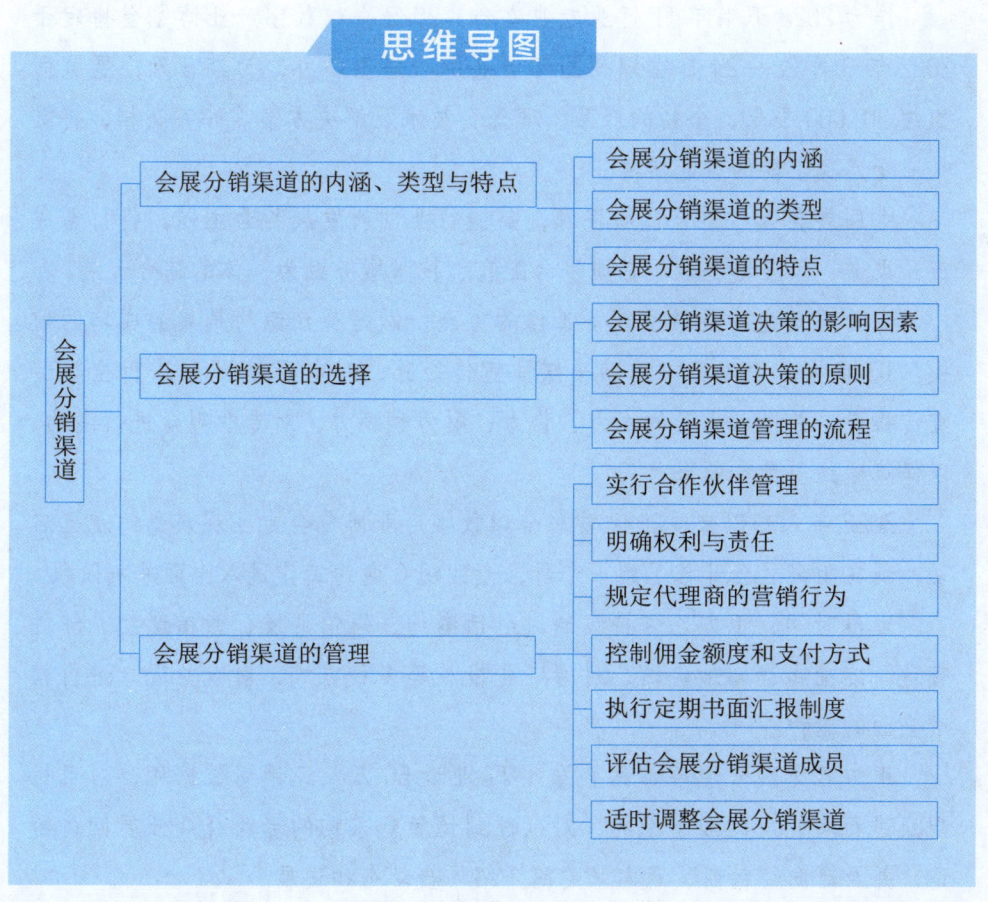

- 了解会展分销渠道的概念、类型与特点
- 明确会展企业的主要渠道选择
- 掌握如何进行会展分销渠道的管理

 2022 全球数字产业博览会全渠道推广

作为 2022 下半年 IT 行业专业盛会，2022 全球数字产业博览会将定于 2022 年 8 月 22—24 日在郑州国际会展中心隆重举办，为期 3 天，展览面积约 30 000 平米，全新的产品、理念、技术及解决方案等齐齐亮相，将贡献一场盛况空前的智能盛宴。

本届展会以"整合优质资源，赋能行业创新发展"为主题，将打造成产品渠道、供应链金融、资质平台配套、技术服务融为一体的综合大展。

专业观众邀约是展前筹备工作的重点，做好观众邀约是展会成功的前提。13 年来，甲方乙方借助全媒体宣传矩阵，对中西部 IT 展进行全渠道宣传推广，并投入大量的人力、物力、财力和精力，对专业观众进行邀约，以保障邀约质量和效果。

2022 年入春以来，2022 首届全球数字产业博览会专业观众邀约就已启动，现在距离展会开幕不到一个月，专业观众邀约工作进入全面冲刺阶段。

近段时间，甲方乙方持续通过电话邀约、短信群发、微信邀约、邮件直达、专业市场实地走访、抖音广告投放等多种方式，对专业观众进行精准全面的邀约。

甲方乙方观众服务部结合郑州 IT 业近 50 万条经销商数据库，对目标观众进行多轮次的线上邀约，对以往到场参观采购的专业观众开展回访邀请，并及时向经销商、意向采购商介绍展会动态和进展。

同时，甲方乙方全员通过朋友圈、小程序、自媒体等多种形式发布展会、展商、展品信息，甲方乙方观众服务部及时高效反馈经销商需求，做好厂商供需对接。

外宣小组则用脚步丈量市场，通过面对面、一对一送达邀请函的形式，实地精准邀约意向经销商、采购商，重点针对河南省内及周边重点省市的专业经销商和市场，确保到场专业观众的精准性，同时还了解一线经销商需求和动态，做好梳理与反馈，以最大努力提高展商参展效果。

抖音广告和媒体宣传方面，组委会接下来将继续加大力度，投放区域以郑州为核心，覆盖河南全省及周边重点市场，多频次、高密度让展会信息有效触达目标观众和潜在经销商群体。

针对提前完成预登记的专业观众，将享受VIP专业绿色通道，组委会将在现场特设多个商务洽谈区，以便高效沟通，有效成交。

VIP专业观众还将享受多重福利活动，既可以提高经销商、采购商的参观采购体验，又能了解其需求，提前匹配目标展商，促进厂商的精准对接。

资料来源：小易看财经．重邀约、强推广，2022全球数字产业博览会观众邀约火热进行．搜狐，2022-08-09.

课前讨论：

全球数字产业博览会采取了哪些渠道推广？你受到什么启示？

第一节　会展分销渠道的内涵、类型与特点

会展企业需要在适当的时间和地点，以适当的方式，将会展项目的功能和价值提供给特定的目标市场，满足参展商和观众的需求，从而实现企业的市场营销目标。会展项目的策划和设计是市场营销活动的前提和基础，将创造出的价值传递给消费者，需要通过特定的会展分销渠道。

一、会展分销渠道的内涵

营销渠道指商品和服务从生产者向消费者转移过程中的具体通道或路径，以及相关的市场销售个人和机构。会展产品也必须通过一定的市场分销渠道，

才能在适当的时间、地点,以适当的方式提供给目标市场,满足顾客需求,实现会展企业的市场营销目标。

企业为获得竞争优势,应寻找会展产品的分销商,以扩大顾客对会展产品的购买。会展分销渠道不仅是产品销售的路径,还可以作为信息传递的途径,准确地收集反馈信息,帮助企业进行市场分析和策略调整。

二、会展分销渠道的类型

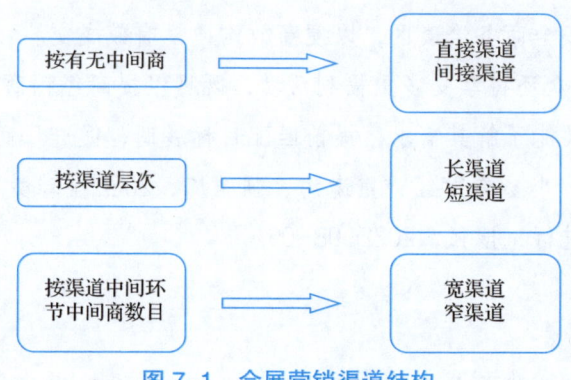

图 7-1　会展营销渠道结构

（一）按销售过程是否经过中间商划分

1. 直接渠道

直接渠道指的是会展企业直接将会展产品和服务销售给目标客户,不经过任何中间环节。使用直接渠道的前提是会展企业拥有完整、有效的目标客户数据库,可以通过邮寄名单、电话销售、人员拜访或各种媒体直接向潜在参展商和观众进行销售。直接渠道的优势在于不经过中间商,节省了中间流通费用,有效降低了营销成本。然而,由于企业资源有限,市场渗透速度较慢,可能无力开发潜在市场,同时不利于调动社会资源为企业市场开发提供服务。

2. 间接渠道

间接渠道是指会展企业通过中间商向目标客户销售会展产品和服务。间接渠道的最大优点在于突破了会展企业自身资源的限制,可以调动外部力量为市场开发服务,提高招展效率,加快市场渗透速度。间接渠道的缺点也很明显:会展企业与目标客户之间通过若干层次和成员进行沟通,一方面需要向中间商支付佣金，增加营销成本，另一方面可能导致信息失真，产生渠道冲突。

（二）按间接分销渠道层次的级数划分

根据间接分销渠道层次的级数多少，会展分销渠道可以划分为长渠道与短渠道两种类型。分销渠道的长短由经过的中间环节的级数决定，包含一个销售中间商的是一级渠道，如生产者、零售商、消费者；包含两个销售中间商的是二级渠道，如生产者、批发商、零售商、消费者；包含三个销售中间商的是三级渠道，如生产者、批发商、中转商、零售商、消费者。销售的级数越多，利用中间商的数量越多，分销渠道就越长。

渠道级数越多，控制营销管理的成本和难度就越大，渠道冲突也越激烈。分销渠道的成员很少能准确理解和承担各自的任务，也很难相互依赖、合作以达到渠道系统的整体目标。会展企业在决策分销渠道时,需要根据业务类型、市场规模、自身实力等因素，具体权衡利弊，找出符合企业实际的渠道策略。

（三）按同一区域内选择中间商的数量划分

1．宽渠道

宽渠道指会展企业在同一区域内选择两家或两家以上中间商进行销售。其优势在于：①扩展市场资源：调动多家中间商的市场资源，增强会展企业在目标区域的市场占有能力。②分散风险：分散风险，避免因某家中间商的工作能力或态度问题而导致重大损失。宽渠道也存在以下劣势：①协调困难：中间商之间以及中间商与会展企业之间容易产生矛盾，利益关系难以协调。②形成竞争：同一区域内多家中间商可能产生恶性竞争，特别是当不同中间商对同一客户作出价格和服务等方面的不同承诺时，会展企业的信誉将受到巨大损害。会展企业在选择宽渠道时，必须注意中间商之间的利益平衡，并通过严格的控制措施规范终端市场，确保所有中间商以统一的价格和服务政策面对目标客户。

2．窄渠道

窄渠道指会展企业在同一区域内仅选择一个中间商进行销售。其优势包括：①建立信任关系：会展企业与中间商之间容易建立相互信任的合作关系，有利于维护营销网络的稳定性。②维护市场秩序：有利于建立和维护市场秩序，避免同一区域内多家中间商相互恶性竞争带来的市场混乱。窄渠道的劣势在于会展企业对中间商的依赖度过高，一旦中间商因工作能力或态度问题导致销售不利，可能给会展企业带来损失。因此，会展企业在采取窄渠道策略时，必须对中间商的资质进行严格审核，以确保选择的中间商能够有效推动销售。

（四）按销售的合作方式类别划分

1. 代理制

代理制是指会展企业授权其他相关单位开展销售业务，主要工作包括选择、指定和管理代理商，并对代理佣金水平及业务的地区范围和权限等作出规定。代理商是独立的法人企业，可以专门从事会展代理业务，或在经营其他业务的同时也进行会展销售代理业务。代理商作为独立的经济实体，其从事会展代理业务的最终目的是获取佣金。

2. 合作制

合作制是通过赞助单位、支持单位和协办单位等合作开展销售业务。这些机构不以明确的销售代理商身份出现，但同样参与会展的分销工作，通常被称为合作者。合作者与中间商的主要区别在于，中间商是明确的企业，其核心目的是通过代理销售业务获取佣金，而合作者可能是行业协会、政府部门、媒体机构、教育咨询机构或其他相关企业。尽管合作的目的也是获取佣金，但这些佣金通常以隐形形式支付。例如，对于赞助企业来说，进入特定的目标市场、与分销商建立关系、获得销售机会以及提升企业品牌形象等是其关注的重点。

三、会展分销渠道的特点

（一）以短渠道为主

会展企业对中间商的依赖程度由会展项目的规模和性质、目标客户的地域范围以及办展机构的经验所决定。对于规模较小、目标客户集中并已建立全面客户数据库的展会，通常通过企业内部进行直接销售。相反，对于规模较大、专业性强或涉及多个产业门类，尤其是涉及海外业务的展会，通常采用中间商代理销售方式。总的来说，会展分销渠道的链条相对较短，直接渠道多于间接渠道。即使采用间接渠道，层级也较少，在特定区域内代理层级一般不会超过两级，以短渠道为主。

（二）以窄渠道为主

尽管会展分销渠道可以选择宽渠道或窄渠道，会展企业既可选择独家代理，也可选择多家代理，但在实际操作中，同一区域通常选择独家代理。首先，会展项目具有较强的专业性和时效性，且费用较高，这些特点决定了会展产品不像一般性、大众化的产品那样通过宽渠道进行销售，而是更适合窄渠道。其次，会展项目的目标客户多为企业、机构或社会团体，专业领域相对集中，目标客户的数量不多。采用独家代理可以避免多家中间商之间恶性竞争带来的协调管理困难，确保更有效的市场推广和客户服务。

（三）以多渠道为主

会展企业可以选择单一渠道分销，即所有会展项目由会展企业自己直接销售或全部交给中间商。也可以根据会展项目的不同类型和层次，以及客源地区的不同情况，综合运用多种渠道进行招展招商。例如，在较小的市场采用直销，在较大的市场采用分销；在本地区采用直接渠道，对外则采用间接渠道，间接渠道可以同时启用长渠道和短渠道。此外，为了调动各方面的资源，会展企业在实际操作中通常采用显性代理和隐性代理相结合的多渠道分销模式，这样能够更有效地利用各种资源，确保分销渠道的多样性和灵活性，适应不同市场需求。

（四）以代理业务为主

会展企业与中间商的合作方式主要有代理制和合作制两种。代理商比合作商更为明确和高效，是会展企业招展招商的主要分销伙伴。会展代理的形式包括独家代理、排他代理、一般代理和承包代理。在实际操作中，前三种通常称为代理，最后一种称为包销。代理是指分销商按照与会展企业签订的合同，在会展企业规定的权限内代理销售，并根据实际招徕的数量或成交金额提取相应比例的佣金。如果无法完成预期销售目标，损失由会展企业承担。包销是指分销商从会展企业手中承包一定数量的销售业务，然后在会展企业规定的权限内自主销售。不论能否招徕到约定数量或金额的业务，分销商都需要向会展企业支付约定的销售款。相比代理商，包销商通常能以更高的佣金比例获得会展销售业务，但也承担更大的风险。为了规避经营风险，大多数中间商更倾向于选择代理招商方式。

> **知识链接** | 新场景新渠道，提升品牌推广效果
>
> 　　由商业发展中心主办的"中食展"已成功举办20多年，是中国食品行业最具规模和影响力的展览会之一。从第一届展览会发展至今，砥砺前行，为国内餐饮企业、食品经销商和代理商，提供丰富的海内外产品采购及商务合作资源，为展商提供新品首发、拓展内销市场的有效路径，为观众带来最前沿的行业趋势、最新的技术成果和行业资讯，从源头树立起会展行业高质量发展"风向标"，为供需双方呈现一场具有前瞻性、开拓性、影响力的专业盛会。2024中食展（广州）FOOD2CHINA EXPO与权威机构强强联手，"六展合一"，全面升级。通过新模式、新场景、新渠道，旨在缔造华南最具规模的"中国食饮食材专业展览会"，打造国际会展之都的又一闪亮名片。展会规模扩大至10万平方米，将汇聚来自全球40多个国家及地区的超2000家优质品牌企业参展，预计吸引10万名专业观众到场，全方位提升展商的参展效益和品牌推广效果，助力企业拓展全球市场。
>
> 　　资料来源：互联观察说.汇聚全球力量，深化国际交流合作.搜狐，2024-03-12.

第二节　会展分销渠道的选择

一、会展分销渠道决策的影响因素

（一）产品因素

　　影响会展分销渠道的产品因素包括产品价格和产品特性。一般来说，产

品单价越高，越应注意减少流通环节，否则会造成销售价格的提高，从而影响销路，这对生产企业和消费者都不利。而单价较低、市场较广的产品，则通常采用多环节的间接分销渠道。另外，针对易毁性和易腐蚀性产品，应采取较短的分销途径，以使消费者尽快接收，如鲜活品、危险品等。

（二）企业实力

影响会展分销渠道的企业自身因素包括财务能力、渠道的管理能力和对渠道的控制能力。财力雄厚的企业有能力选择短渠道，财力薄弱的企业只能依赖中间商；渠道管理能力和经验丰富的企业，适宜短渠道，而渠道管理能力较低的企业适宜长渠道；对渠道控制欲较强的企业往往选择短而窄的渠道，反之，则选择长而宽的渠道。

（三）经济收益

销售费用是指产品在销售过程中发生的费用，包括包装费、运输费、广告宣传费、陈列展览费、销售机构经费、代销网点和代销人员手续费、产品销售后的服务支出等。一般情况，减少流通环节可降低销售费用，但减少流通环节的程度要综合考虑，做到既节约销售费用，又要有利于生产发展和体现经济合理的要求。

二、会展分销渠道决策的原则

（一）经济原则

在选择中间商时，需要对成本和收益进行权衡。理想的中间商应具备以下几个特征：雄厚的经济实力、完善的客户网络、良好的商业信誉和市场开拓精神。

（二）控制原则

代理商与会展企业建立合作关系后，代理商成为会展企业直接面对客户的窗口，代表着会展企业的信誉和形象。会展企业在选择代理商时，必须充分考虑对代理商的控制权。选择代理商时应考虑代理商的稳定性和可靠性，以及是否能扩大市场份额，是否有利于实现企业的长远目标。

（三）应变原则

会展企业在选择代理商时应保持适度的弹性，根据市场环境和自身状况及时调整。当代理商在规定时间内未能取得实际销售进展时，企业应保留终止合作关系的权利，以确保招展招商工作的顺利进行。

三、会展分销渠道管理的流程

（一）分析顾客需求

营销渠道是一个顾客价值传递系统，设计分销渠道需要平衡顾客对服务的需求、服务的可得性、成本以及顾客的价格偏好。

（二）确定渠道目标

渠道目标应根据目标顾客的期望服务水平来确定。会展公司通常会依据不同细分市场的需求，提供最合适的渠道措施，并尽量减少渠道成本。渠道目标还受会展项目性质、产品特性、营销中介、竞争对手和环境等因素的影响。

（三）明确渠道选择

渠道选择包括确认中介机构的种类、中间商的数量及各渠道成员的资质和责任等。关于确认渠道成员种类，会展企业可以自己建立销售队伍，增强直销能力，也可以在不同地区雇佣一级或多级代理商和合作商来完成分销任务；关于确定渠道人员数量，可以选择独家代理、排他代理或多家代理等策略；审查渠道成员资质包括业务年限、业务水平、发展和盈利情况、合作性和声誉；明确合作条款和责任指的是会展企业和中间商需要就合作条款达成一致，包括价格政策、销售条件、地区特权和具体服务，特别是安排新的中间商时，需制定公正的价格表和折扣条约，并指定每个渠道成员的经营区域。

（四）评估分销渠道

评估分销渠道应考虑三项标准，经济标准、控制标准和适应性标准。其中经济标准是指比较不同渠道的销售额、成本和盈利能力；控制标准指的是既要给中间商一定的展位销售控制权，又要尽可能多地保留会展企业的控制权；适应性标准是考虑渠道的长期承诺，尽可能保持渠道的灵活性以适应市场环境的变化。通过这些步骤，确保会展企业能够选择最适合的分销渠道，以实现其市场营销目标。

表7-1　XX展览有限责任公司代理商申请条件

境内注册的合法公司，具有法人资格认定，注册资金50万元人民币以上
拥有不少于15人的销售团队，对展览会销售工作有一定的市场经验
讲究诚信，有极高的合作热情和极强的责任心
认同我公司的价值理念，严格执行我公司的价格体系及区域划分规定
有能力完成我公司要求的销售目标
有良好的展览会代理销售业绩的企业优先考虑

第三节　会展分销渠道的管理

会展分销渠道的管理，主要是指对间接渠道的有效管理。重点在于如何调动代理商的积极性和主动性，能够根据市场变化灵活调整企业与代理商的关系。

一、实行合作伙伴管理

在渠道管理中，会展企业应建立一个合作伙伴管理系统，以满足企业自身及其营销合作伙伴的需求。通过该系统，可以对渠道合作伙伴进行招募、培训、组织、管理、激励和评估，从而建立长期的合作关系。一方面，会展企业需要了解代理商的不同需求，维护并尊重代理商的利益。另一方面，要说服和引导代理商，通过共同合作形成紧密的价值传递体系，为最终顾客提供最佳价值。通过这样的管理方式，可以确保会展企业与代理商建立起稳固而灵活的合作关系，从而提升整个分销渠道的效率和效果。

二、明确权利与责任

为建立长期有效的合作伙伴关系，并避免因目标和职能分歧而引发渠道冲突，会展企业需要明确代理商的权利与责任。签订条款清晰的招展代理合同是一种重要方式。代理商的主要权利包括获取资料和支持、展位保证、收取相应的佣金。代理商的主要责任包括严格按照合同条款开展招展活动，定期向办展机构的相关负责人通报情况和沟通信息，自觉维护办展机构和展会的形象和声誉，不得擅自更改办展机构制定的参展条件和展位安排，按时收取和缴纳参展商展位费，协助办展机构做好相关参展商的服务工作。

三、规定代理商的营销行为

为确保分销渠道管理的有效性，会展企业需要对代理商的营销行为进行约束。这些约束主要体现在以下四个方面：首先是价格管理，代理商必须严格按照合同规定的价格和折扣政策进行招展，不得擅自更改价格或提供额外折扣。其次是收款管理，代理商应将所收取的展位费和其他服务项目费用及时上交主办单位，以降低管理风险和确保资金安全。再次是关于展位管理、展区划分和展位划定由主办单位统一控制和安排，代理商无权作出决定，但可以提出相关建议供主办单位参考。最后是在服务承诺方面，代理商不能向参展商擅自承诺提供额外的免费服务项目，以免产生不必要的纠纷和损害办展机构的声誉。为了进一步监督和控制代理商的行为，有时还要求代理商支付一定数量的保证金，不仅能有效约束代理商的行为，还能确保双方合同的顺利执行。通过这些措施，主办单位可以更好地管理和控制分销渠道，确保展会的顺利进行和良好声誉。

四、控制佣金额度和支付方式

控制佣金额度是分销渠道管理的重要手段之一。会展企业需为代理商提供有足够吸引力的佣金，并通过明确的合同条款约束其不能向参展商收取额外费用，以防止人为提高参展价格，从而影响参展商的积极性。此外，办展机构需要在合同中明确与代理商的佣金结算方式，通过合理的佣金管理和清晰的合同条款，会展企业可以有效控制分销渠道，激励代理商积极开展工作，同时避免价格混乱和市场秩序失控的风险。

五、执行定期书面汇报制度

会展分销渠道管理是一个动态管理过程。为了有效控制招展工作，会展企业通常要求代理商定期向其汇报招展工作的进展情况。这些汇报主要包括在招展过程中发现的问题和不足，并提出合理的意见和建议。展会项目经理可以通过对这些汇报的综合分析，全面把控招展情况，并对原有的招展计划进行适当调整。

六、评估会展分销渠道成员

分销渠道管理离不开对渠道效率的评价，会展企业应采取切实可行的方法对分销渠道成员的业绩进行周期性的检查和评估。评估内容包括：销售指标情况、利润额和手续费用结算情况、宣传推广方案执行情况、配合会展企业促销和培训计划的情况、客户服务水平、代理商之间配合程度、代理商销售量等。

七、适时调整会展分销渠道

在会展市场环境变化或代理商业绩不佳影响渠道目标实现时，会展企业需要及时调整分销渠道。首先，根据会展企业销售策略的变化，调整会展分销渠道中的代理商数量。这包括确定长渠道还是短渠道、宽渠道还是窄渠道、单渠道还是多渠道、采用独家代理还是多家代理，以更好地适应市场需求。其次，为提高渠道效率，会展企业可以根据市场变化相应地增加或减少某些渠道，或者缩减分销作用较小的渠道，以更有效地实现分销目标。最后，当会展企业对原有的营销组合实行重大调整，有必要建立新的会展分销渠道，重新设计和组建渠道体系。

📍 拓展案例

代理协议书

甲　方：

乙　方：

经甲乙双方友好协商，本着平等、诚信、互利的原则，就甲方授权乙方代理＿＿＿＿＿＿博览会招商、招展事宜达成以下协议：

一、合作说明

1. ＿＿＿＿＿＿博览会由中＿＿＿＿＿＿、＿＿＿＿＿＿、＿＿＿＿＿＿共同主办，甲方承办，将于＿＿＿＿年＿＿＿＿月＿＿＿＿日至＿＿＿＿在＿＿＿＿＿＿举行。

2. ＿＿＿＿＿＿博览会的主场地安排在＿＿＿＿＿＿馆。由甲方统一协调、统一管理、统一分配，具体内容请按照甲方制定的《展馆使用管理规定》实施。

3. 展会日程：

布展时间：2024 年＿＿＿月＿＿＿日——2024＿＿＿年＿＿＿月＿＿＿日

展览时间：2024 年＿＿＿月＿＿＿日——2024＿＿＿年＿＿＿月＿＿＿日

撤展时间：2024 年＿＿＿月＿＿＿日——2024＿＿＿年＿＿＿月＿＿＿日

二、招商代理

1. 本协议所称的招商代理，是指由甲方授权国内外有实力的中介组织或个人作为＿＿＿＿＿＿博览会招商代理人（乙方），并签订招商代理合同，授权乙方在约定的范围内招集参展商。

2. 本协议所指的完成招商任务，是指由乙方招集的、签订了参展合同并交纳了参展费用的参展商，申请使用的展馆实用面积总和达到或超过乙方约定承担招商的展馆实用面积的情况。参展费用包括展馆租赁费用和配套服务的费用。

三、代理商必须具备的资格条件

1. 具有独立承担民事法律责任的境内外法人、其他组织；

2. 具有履约能力；

3. 在中介服务领域具有较高知名度和良好的业绩，有广泛的联系渠道及客户群；

4. 熟悉对内、对外招商的运作及相关法律、法规和政策的规定；

5. 其他由甲方规定应具备的条件。

四、甲方权利与义务

1. 甲方同意授权乙方代理（　　　　　　）展区净地面积和标准展位面积（　　　）平方米的招商、招展及相关联络工作。

2. 甲方负责按总体方案和实际需求统一展馆展位划分与分配。为保证展馆的总体协调性，甲方保留调整展位的最终权利。

3. 甲方根据"＿＿＿＿＿＿博览会项目价格"收取乙方所邀请的参展商在会展期间的特殊装修展位相关费用。

4. 甲方在乙方完成约定招商任务后按照约定支付乙方代理费用。

5. 甲方负责乙方所邀请的参展商在会展期间的统一管理。

五、乙方权利与义务

1. 乙方负责代理（＿＿＿＿＿＿）展区的全面招商、招展及相关联络工作，并且承诺在＿＿＿年＿＿＿月＿＿＿日以前完成招商任务。

2. 乙方向甲方提供招商、招展计划书，在招商、招展时提供进度情况表，便于甲方能实时掌握招商、招展进度情况。

3. 乙方在招商过程中需统一执行甲方制定的"＿＿＿＿＿＿博览会各项目的价格"，未经甲方许可，乙方不得擅自改变统一的项目价格。

4. 乙方应对其邀请的各参展商说明和要求需向甲方缴纳相关费用，具体价格请参照"＿＿＿＿＿＿博览会项目价格"的有关规定。进入交易平台的参展商，需按规定程序与甲方签订交易合同。

5. 乙方应对其邀请的各参展商说明和要求在会展期间（包括布展期和撤展期）的场馆使用及配套服务，必须遵守甲方统一制定的《展览现场及施工管理的若干规定》《关于物业管理及安全保卫的规定》《关于消防安全管理规定》等规定，并由甲方统一协调管理。

6. 乙方协助甲方在会展期间对乙方所邀请的参展商进行统一服务与管理。

7. 乙方保证所邀请的参展商展出展品与技术的合法性，保证其不存在任何知识产权纠纷问题，并保证所有提交资料的真实、准确、合法。

8. 乙方有义务维护甲方的形象，不得从事有损甲方及_____博览会形象的行为。

9. 乙方在完成招商任务后有权利取得约定的代理费用。

10. 乙方有义务协助甲方解决在招商过程中发生的各种纠纷。

11. 乙方需在本合同生效后五个工作日内向甲方交纳代理保证金。

乙方完成招商任务后，甲方在展会结束之后____年____月____日之前返还代理保证金。该代理保证金的金额为测算代理费用的____%。如果乙方没有完成招商任务，将不予返还代理保证金。

六、代理费用的支付办法

1. 乙方所招集的展位总和低于五十个标准展位的(包括五十个)，代理费用为展位租赁费用已进款额的百分之十五；超过五十个标准展位的，代理费用为展位租赁费用已进款额的百分之二十。

2. 乙方在完成招商任务后可以从展位租赁费用已进款额中提取相应的代理费用。

七、违约责任

甲乙双方均应正当行使权利，履行义务，保证本协议的顺利履行。任何一方未能履行本协议均应向对方承担违约赔偿责任。

八、争议处理

在甲乙双方履行本协议过程中如果发生争议，首先应当友好协商解决；协商不成，任何一方均可将该争议提交深圳仲裁委员会仲裁。

九、其他条款

1. 本协议自双方签署盖章之日起生效，至____年____月____日结束。如需继续合作，则由甲乙双方另行协商。

2. 本协议一式两份，甲乙双方各执一份。

3. 本协议未尽之事宜，甲乙双方可另行协商并签订补充协议约定。

甲方：　　　　　　　　　　　　乙方：

地址：　　　　　　　　　　　　地址：

电话：　　　　　　　　　　　　电话：

传真：	传真：
邮政编码：	邮政编码：
代表人签字（签章）：	代表人签字（签章）：
签约日期：　年　　月　　日	签约日期：　年　　月　　日

本章核心概念

会展营销渠道　Exhibition marketing channel

分销渠道　Distribution channel

代理商　Agent　　**顾客需求**　Customer demand

进阶讲堂

 >>> 何为优秀的会展供应商

本章习题

一、简述题

1. 会展营销渠道的类型有哪些？
2. 简述会展营销渠道选择的影响因素。
3. 指出会展企业在管理渠道成员时所面临的主要挑战，有哪些有效手段可以用来激励渠道合作伙伴？

二、实训演练

活动主题：认知和体验会展渠道策略。

活动目的：增加感性认识，实地体验会展渠道策略。

活动流程：

1. 将全班分成若干小组，4～5人为一组，以小组为单位进行活动，参观一次大型展会活动。

2. 使用会展渠道策略进行会展渠道的分析与选择。
3. 以小组为单位提交调研报告。
4. 老师对其进行评价和质量评分,并计入总成绩。

老师评价

第八章

会展营销管理

思维导图

会展营销管理
- 会展的招展招商管理
  - 会展招展管理
  - 会展招商管理
- 会展客户关系管理
  - 会展客户关系管理的内涵
  - 会展客户关系管理流程
  - 会展客户关系管理实施策略
- 会展时间管理
  - 会展时间管理的概念
  - 会展时间管理的步骤
  - 会展时间管理的内容

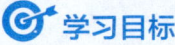

- 重点掌握会展的招展与招商
- 掌握会展客户关系管理的内涵、流程和策略
- 明晰会展时间管理的概念、步骤和内容

 ## LINEAPELLE ASIA 亚洲皮革展

LINEAPELLE ASIA 琳琅沛丽亚洲皮革展在广州国际会展中心举行，这是由 LINEAPELLE 意大利琳琅沛丽皮革展、UNIC 意大利全国制革联合会、UNIC 意大利全国附件和部件联合会与广州市政府、中国轻工业联合会、中国轻工工艺品进出口商会联合主办的高水平国际皮革展。

意大利琳琅沛丽皮革展是全球规模和影响力最大的皮革展。在广州的成功举办是该展会首次在意大利以外的国家和地区举行，在推动投资和促进贸易方面都带来明显的效益。

琳琅沛丽亚洲皮革展的成功举办不仅对广州乃至中国皮革皮具业的发展和文化交流等产生积极影响，还使得场馆提高了国际知名度，带动了地区的经济发展，并且对广州会展业向专业化、国际化、市场化、品牌化发展提供了重要启示。

课前讨论：

本届展会在广州国际会展中心举行，请你思考客户服务中心应该提供哪些服务？

第一节　会展的招展招商管理

参展商和专业观众的质量和数量是展会成功与否的关键。因此，做好会展招展和招商管理工作非常重要。

一、会展招展管理

会展招展是指办展机构对参展商的招徕行为。会展招展工作的主要内容包括以下几个方面：

（一）寻找目标参展商

会展企业通过广泛搜集目标参展商的信息，建立一个完整实用的目标参展商数据库，这是做好会展招展工作的重要基础。目标参展商是会展企业要邀请参加展会展出活动的目标客户，主要包括展览题材所在行业的企业以及关联行业的企业和组织。

（二）划分展区和展位

划分展区是按一定的标准把展会划分为若干区域。一个专业题材展区可能包括一个或多个展馆，也可能是一个展馆的某一部分，在每个展区里设有若干展位。展位是参展企业展示其产品或服务的空间范围。合理地划分展区和展位对于招展、提高展出效果、进行现场管理非常重要。划分原则主要包括按专业题材划分展区、提升展会档次、方便观众参观、提高参展商回报以及便于现场管理。

（三）确定招展价格

招展价格指的是展位的租赁价格。根据展位不同，招展价格可以分为标准展位价格和空地展位价格。根据场地不同，招展价格可以分为室内展位价格和室外展位价格。

（四）编制发放招展函

招展函是办展机构用来吸引参展商参展的印刷品。招展函是展位营销的核心资料，也是目标参展商了解展会的重要信息来源之一。主要内容包括展会名称和标识、举办时间和地点、主承办单位、办展目标和主题、参展企业范围和展位价格、参展手续办理流程和联系方式等。

（五）安排招展分工

招展分工主要包括对主承办单位招展工作的安排、各招展单位对招展人员的分工安排和招展区域的安排。

（六）选择招展代理

展览代理是指办展机构指定销售代理商协助推介产品的方式。展览代理制是间接销售渠道的有效手段，可增加办展机构的业务网络，扩大业务辐射范围，提高办展规模，增强展会的影响力。展览代理管理的内容主要包括对代理的选择、指定和管理，对代理佣金水平、代理地区范围与权限的规定。

（七）制定招展宣传推广计划

招展宣传推广是指以招展为目的的宣传促销活动。其主要内容就是对围绕展会相关的宣传推广活动进行统一规划和安排。

（八）安排招展预算

招展预算是指举行招展活动的各项费用支出计划。展会的招展费用主要包括招展人员费用、宣传推广费用、代理费用、资料编印和邮寄费用以及公关费用等。

（九）做好招展进度总体安排

招展进度总体安排就是对展会各项招展工作进度的统筹规划。招展进度安排通常通过进度计划表来体现。一经确定，就要按该计划有序展开，认真完成每一阶段的任务。

二、会展招商管理

会展招商是指办展机构对专业观众的组织和邀请。观众与参展商均是展会成功举办的重要因素，不可或缺。展会招商最主要的是要邀请尽量多的专业观众到会参观，为参展商引入更多的目标客户。会展招商工作包括的内容和招展工作大致相似，包括展会招商分工、建立目标观众数据库、编印发放观众邀请函、确立招商渠道、制定招商宣传推广计划、安排招商预算和做好招商进度总体安排。

（一）展会招商分工

展会招商分工是按展会目标和工作实际，对展会招商工作作出的分工安排。具体工作包括：对主承办单位招商工作的安排、各办展单位对招商人员的分工安排和招商区域的安排。

（二）建立目标观众数据库

目标观众数据库是指在获取了大量目标观众的有关资料信息后而分类整理的集成。搜集目标观众信息的渠道主要有：行业企业目录、商会行业协会社团、政府主管部门、专业报刊、同类展会、专业网站、电话黄页、外国驻华机构等。

（三）编印发放观众邀请函

观众邀请函是以展会目标观众为对象而设计制作的邀请参观洽谈的函件。其主要内容包括：展会名称和 Logo、举办时间和地点、展会主承办单位、办展目标主题、特点和优势、招商活动安排和参观回执单等。

观众邀请函一般在展会开幕前一个月左右就应向目标观众直接邮寄，国外观众一般要在展会开幕前三个月甚至半年就开始邮寄，便于国外观众提前办理签证和安排参观计划。同时还要考虑观众邀请函印制数量、发送范围和方式等。

（四）确立招商渠道

招商渠道就是招揽展会观众的通路。一般的招商渠道有：专业媒体、大众媒介、行业协会和商会、同类展会、网络、参展企业、政府有关部门、外国驻华机构等。

（五）制定招商宣传推广计划

招商宣传推广计划就是对展会招商宣传推广活动的统一安排和规划。其内容包括：展会宣传推广的策略、渠道、时间和地域安排以及费用预算等。

（六）安排招商预算

招商预算是指对展会招商活动费用支出作出的整体安排和具体支出的计划。展会的招商费用主要包括：招商人员费用、招商宣传推广费用、招商代理费用、招商资料编印和邮寄费、招商公关费用和其他不可预见的费用等。

（七）做好招商进度总体安排

招商进度总体安排指的是对展会的各项招商工作进度作出的统筹规划。招商进度安排一般通过招商进度计划表来体现，要按计划将招商工作有序展开，认真完成每一阶段的招商任务。

第二节 会展客户关系管理

一、会展客户关系管理的内涵

客户关系管理起源于美国，是一种管理策略。实施客户关系管理的企业，其组织结构、工作流程、技术支持和客户服务都以客户为中心，协调统一企业与客户之间的交往，发展有价值的客户，提高客户满意度，培育客户忠诚度，增强企业的核心竞争力。

会展客户关系管理基于上述管理策略提出，指的是会展承办方以会展客户为中心，不断探究客户需求和行为偏好，有针对性地对不同客户提供个性化会展专业服务，以培养客户满意度和忠诚度的一种经营理念和策略。会展企业的营销活动围绕着各类客户展开，客户关系管理是会展企业营销管理的重要内容。

二、会展客户关系管理流程

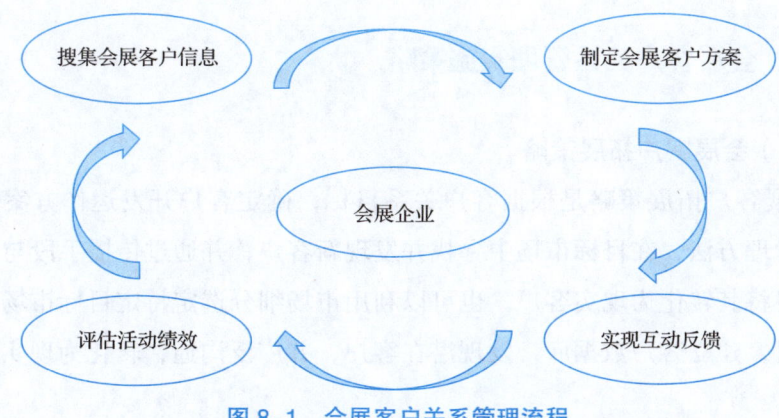

图 8-1　会展客户关系管理流程

（一）搜集会展客户信息

这是会展客户关系管理的首要步骤。通过搜集客户信息，可以了解客户需求，主要包括客户识别、细分和预测。客户识别就是通过互联网、客户跟踪系统、呼叫中心档案等途径，收集会展客户消费偏好和交易数据，建立客户数据库，识别现实客户和潜在客户；企业通过对会展客户的识别，按照不同需求进行会展客户市场的细分，描述各类会展客户的行为模式，并选择合适的客户群体进行市场营销；通过分析目标客户的历史信息和客户特征，预测客户在本次会展中的服务期望和参展行为变化，以此为客户管理决策提供依据。

（二）制定会展客户方案

会展客户之间的利益需求不同，因此客户关系形态也各异。会展企业应根据不同标准，将客户划分为交易关系型、伙伴关系型和战略关系型等类型，并针对这些类型制定不同的客户方案，提供定制化服务。

（三）实现互动反馈

互动反馈是通过各种互动渠道和前端办公应用系统，与客户进行互动，随时跟踪参展商或参会代表的需求变化及参展后的评价，不断调整客户服务方案，以适应客户需求的变化。

（四）评估活动绩效

对会展客户方案进行绩效分析和考核，持续改进客户关系。

三、会展客户关系管理实施策略

（一）会展客户拓展策略

会展客户拓展策略是根据客户关系目标，确定客户开发运作方案。通过有效的管理方法，在目标市场中寻找并发现新客户，并通过传播手段与他们沟通，最终将其转化为现实客户。也可以利用市场细分选定特定目标市场，搜集客户资料，建立客户数据库，发现潜在客户，并广泛沟通，转化为现实客户。

（二）会展客户维护策略

客户维护策略不仅要与客户建立长期关系，还要深化与客户的关系，建立客户忠诚度。会展企业应不断寻求增进客户关系的方法，理解并满足客户期望，解决客户可能出现的问题。此外，关注展会交易情况，增加参展商的交易额，提升参展效益，也是留住客户的关键。

（三）会展客户满意策略

客户满意策略是指企业的经营活动要以客户满意度为指针，从客户的角度分析和考虑需求，全面尊重和维护客户利益。主要内容包括：站在客户立场策划和设计会展产品或服务，完善服务系统（包括服务速度、质量和售后服务），重视客户反馈，处理客户投诉，不断提升会展产品附加价值。

（四）会展客户忠诚策略

客户忠诚指客户愿意接受会展企业的产品或服务，并能重复购买。尽管满意的客户较易转化为忠诚客户，但满意度并不等于忠诚度。培育客户忠诚度需要在满意度基础上采取提升和巩固措施，如有偿促销（价格折扣、免费或低成本的产品和服务）、改进会展效果、组织参展商座谈会、推介成功办展的新举措等。此外，开展联谊沟通工作也有助于加强企业与客户的忠诚联系，向会员无偿提供商业信息，为重点参展企业提供展览知识服务，并优先保证他们参加培训等。

知识链接 | **会展企业发展 CRM 系统客户关系管理的优势**

会展行业的发展离不开企业的规模化和整体化，而随着互联网战略布局的一体化，会展行业正逐步向创新模式和经济提升转型，服务性企业说到底核心竞争力在于发展好的客户关系管理，而许多企业会选择利用 CRM 系统来实现良好的客户关系。

会展客户关系管理与其他行业的客户关系维护存在一些显著的差异。除了前期与客户的沟通、中期的产品服务推荐、后期的售后追踪等外，对于会展企业而言，利用 CRM 系统平台更重要的是在充分收集客户信息以及深度分析客户需求的前提之下，整合国内外有效更新的办展机构的资源信息来针对性地对不同行业需求客户提供更具有创新度和个性化的展会服务。

会展企业发展 CRM 系统客户关系管理是具有相当大的优势，会展企业能够意识到以客户为中心远远大于以产品为导向，便能够与客户建立起良好的合作双赢关系，进一步增加对客户的关怀，实现良好的客户关系管理，提升存量用户的积极性，带动新增用户的参与性，带来更多关于会展服务内容的可能性。

此外，会展企业应用 CRM 系统还有个好处便是利于掌握国内外一手的会展信息资讯，通过大数据的信息采集和资料分析等，掌握更新的流行信息，能够更好为不同领域的客户推荐会展服务。另外还可以利用市场营销活动来吸引会展客户，加强与会展客户之间的沟通交流，有针对性地实施会展客户忠诚策略，引导企业发展正面的、积极的客户关系管理模式。

资料来源：圈能力.会展企业发展 CRM 系统客户关系管理有哪些优势，2023-04-26.

第三节　会展时间管理

一、会展时间管理的概念

会展时间管理是对会展活动的时间资源进行合理配置和有效利用的过程，

它涉及会展活动的策划、组织、实施和评估等各个环节,以确保活动的顺利进行和目标的实现。

二、会展时间管理的步骤

(一)目标选择

确定会展活动在某段时间内计划要达到的目标,各目标最晚必须在什么时点达到。这些目标构成了会展举办者在这段时间内的行动指南。

(二)行动排序

按照计划目标,对在这段时间内要采取的各种行动进行合理排序,计划哪些需要优先执行。

(三)控制进度

对各项行动的执行过程进行优化控制,合理规划业务流程,使执行过程顺畅。

三、会展时间管理的内容

(一)宣传推广时间管理

会展宣传推广的三大任务是促进展会招展、促进展会招商和建立展会良好的品牌形象。会展宣传推广工作不仅在内容上要与招展、招商以及品牌建设相适应,还要在时间安排上与之相协调。宣传推广工作是一项计划性和时间性都很强的工作。从展会的筹备期开始一直延续到展会结束,都要有明确的宣传推广重点。

(二)服务时间管理

会展应该给客户提供及时、快速、到位的服务。会展服务时间管理是在时间上合理安排展会的展前、展中和展后环节的全过程服务,并在时间上有效管理。

(三)布展和撤展时间管理

为方便参展商进行布展准备和撤展规划,展会要将其确切起止时间准确通知参展商和展位承建商，还要尽快通知各参展商需要提交审查的展位搭建设计材料和应提交的时间，以备展会有关安全和消防部门审查。很多展馆展期安排紧，很难进行临时调整，展会时间确定好后一般情况不再调整。要加强布展和撤展现场管理，维持良好现场秩序，对现场进行有效管理。

图 8-2　参展商布置会议区

拓展案例

企业如何让展会产生预期经济效益

面对纷至沓来的展会邀请，企业对是否参加展会、参展能带来哪些利益、该如何充分利用会展传播企业的信息、如何与很强的对手同台竞展等一系列问题都心存疑惑，这就涉及如何真正让展会发挥作用的问题。

营销策划要符合实际

对展览会营销策划，企业一般存在着两种截然不同的观点与做法：有的企业，包括国内一些知名的大型企业，仍无法脱离粗放式的营销管理，常常仓促应战，展会营销工作缺乏针对性，组织策划尚停留在模仿阶段，缺乏对自身品牌独特的风格、独特的销售主张等方面的深入研发与创新。

另一类企业则在参加展会前较早的时间内就制定了严密甚至苛刻的展会营销计划指导其工作的开展。但在大多数情况下，原计划工作与展会的实际情况、消费需求、社会潮流脱节，因而，展会所产生的效果也就大大打了折扣，展会营销没有发挥应有作用的原因，主要集中在以下几个方面：

首先，缺乏科学有效的营销工作规划。面对名目繁多的展会，没能选对其中适时、适度与企业营销计划相匹配的展会，盲目参展。

其次，缺乏战略性的规划，仅仅将展会营销的工作作为一种事务性工作对待，为了参展而参展。参展的最终目的是什么？展会上要向谁传播哪些信息？如何吸引目标观众？如何使传播胜出对手？这些问题均未曾深入去考虑。

再次，在组织策划展会的过程中，企业内部决策管理层与执行层之间、企业与外协单位之间缺乏良好的沟通，造成各自对展会策划组织方式、目的存在理解上的偏差。例如企业欲推广的产品、品牌文化与展台搭建的风格、活动组织的方式脱节。

最后，在制定预算的同时高估了展会效果的回报，造成展会投入与产出比例的不协调。近来，国内展会出现了一种倾向——展台搭建、活动组织一味求大、求奢侈，而忽略展会活动本身的表现效果。

展会推广要对路

反观展会营销工作做得比较出色的企业，总有一些共性存在：

首先，根据公司的发展规划及营销目标，对企业的优势资源（产品、信息、技术、服务）或需求进行分析，之后再斟选出适时对路的展会推广，然后再从策划的角度考虑资源如何出奇制胜。

其次，制定的展会计划实施组织工作要有弹性，包括对未来变化与竞争的思考，有必要的反馈与调整机制。

最后，展会组织以及展览策划应有严格的流程与职责分工，并有专人负责项目，强调企业内部的协调，企业与外协单位的协调作业。经常听到一些企业主这样抱怨：本来的想法是这样的，可外协公司给我的展位及活动方案却与品牌及产品脱节，而更改方案则由于时间的紧迫而变得不可能，让企业主感到沮丧。部分企业内部组织很松散，以致展会上该收集的信息没有收集，该做的推广没有做好。总的来说，展会营销是一项较为复杂的工程，必须经过周密且对路的计划、出奇制胜的推广模式、科学的分工、严谨的执行，方能使展会营销真正发挥作用。

资料来源：岳阳贸促会. 企业如何让展会产生预期经济效益，2015-10-26.

本章核心概念

招展 & 招商　Investment & invitation

客户关系管理　Customer relationship management

时间管理　Time management

进阶讲堂

 >>> 招商　 >>> 运营保障

本章习题

一、简述题

1. 会展招展、招商管理工作各包括哪些内容？
2. 如何理解会展客户关系管理的内涵？
3. 简述会展客户关系管理的主要方法。
4. 会展企业怎样加强对会展时间的管理？

二、实训演练

活动主题：认识会展客户关系管理。

活动目的：增加感性认识，增强与客户的沟通能力。

活动流程：

1. 将全班分成若干小组，4～5人为一组，以小组为单位进行活动。
2. 通过上门拜访和电话回访等方式对参展企业进行回访，针对流失的客户制定客户挽回方案。
3. 以小组为单位提交方案。
4. 老师对其进行评价和质量评分，并计入总成绩。

老师评价

第九章 新环境下的会展营销

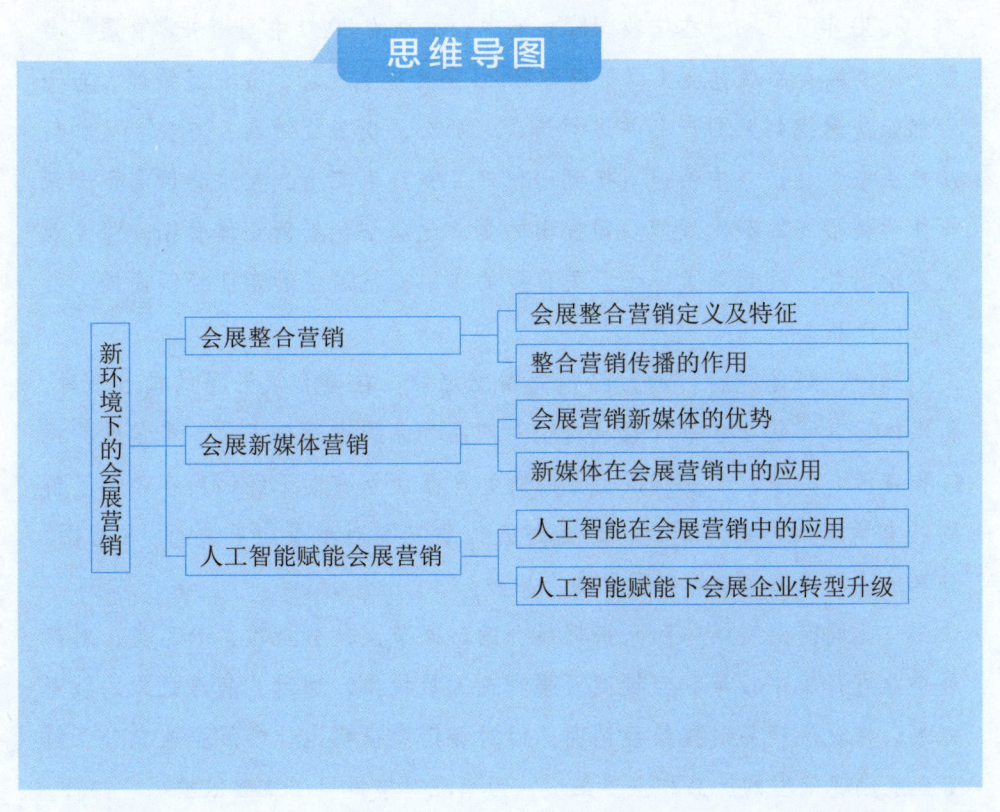

> **学习目标**
>
> • 理解会展整合营销的含义，认识会展整合营销的重要作用。
>
> • 领会新媒体在会展营销中应用的优势，了解会展新媒体营销的具体应用。
>
> • 了解人工智能在会展营销的应用，学会应对人工智能下的会展转型。

新媒体营销成会展业新生产力

2020年9月初，在宁波国际会展中心举办的2020中国糖果零食展览会暨全球高端食品展览会（以下简称2020全食展）现场，专业经销商、与会者都能快速找到意向产品并进行洽谈。那么，众多经销商、与会者又如何从数百家参展企业中快速对接到心仪产品呢？事实上，在这背后离不开新媒体营销形成的激发效能。需提出的是，此次全食展新媒体营销，除专业内容输出外，还起到了一个至关重要的作用，就是帮助专业经销商提前发现心仪产品。

第一，媒体先行，助力经销商精准定位。在全食展开幕的前5个月，新媒体运营团队在各垂直领域对企业产品和品牌进行全方位、多角度的推广和宣传。其中，专业解读企业品牌和产品优点有助于经销商多渠道了解到其有需求的产品。同时，还通过微信朋友圈对参展企业进行"9格图"分享，让经销商直接看到需求的产品。

与此同时，新媒体团队根据展会的时间节点，分批次，分品类，对参展企业进行集中投票和经销商百强预选人员投票，通过"病毒式"的裂变方式，将参展产品对接给经销商；而对经销商投票也让参展企业充分了解专业经销商代理的产品和主要渠道，为精准对接提供了重要依据。

在2020全食展开幕前，组委会已在《中国冰淇淋》新媒体对参展企业进行了4批次集中投票，5批次经销商集中投票。此外，在《中国糖果》《零食快报》进行了20多批次的经销商和参展商的集中投票。通过新媒体集中将参展企业的产品提前曝光,有助于经销商对参展展品进行提前预览和了解,方便其高效完成此次全食展新品的选品。

此次全食展组委会利用短视频,让参展企业负责人线上与经销商进行邀约,并在微信朋友圈推送分享。全食展组委会以新媒体矩阵形式,通过专业内容输出,吸引并沉淀了大量以经销商、采购商、渠道商为主的精准群体。

第二,传递价值,输出观点。对于新媒体营销,笔者认为,既是独立的个体,又是与展览项目运营相互呼应的整体。其独立在于,每一个垂直行业的新媒体微信公众号都聚焦所属行业,通过专业的编辑团队,充分挖掘行业信息,包括行业突发新闻、热点报道、品牌关注,以及经销商专访等,并以客观的视角,向行业传递正能量,为经销商提供选品方向和思路,为企业对行业发展方向和趋势的把握,提供有价值的参考。

同样,新媒体运营也是展览项目相互呼应的整体。此次全食展组委会为参展企业提供的新媒体宣传服务,在展前、展中、展后三大关键时间点通过新媒体的形式,将参展企业产品、品牌、理念传递给行业经销商和采购商,以帮助其吸引更多优质客户。同时,还为品牌提供专题宣传服务,以文字的方式将品牌产品带到经销商、采购商面前。

不可否认,传递价值、输出观点是新媒体营销的价值所在。在新经济时代的市场竞争下,行业经销商需要专业的新媒体营销团队帮助其甄别好的产品,更需要一个专业的新媒体运营团队生产专业内容,帮助其了解行业发展方向和趋势。

第三,新媒体营销大有可为。尽管随着短视频、直播的爆发,以图文为主的微信公众号逐渐"老去"。但在笔者看来,无论是微信公众号,还是短视频、直播,在未来相当长的一段时间仍大有可为。也就是说,新媒体营销,依旧是企业最快捷的获客方式。但前提是,企业要有一个过硬的好产品。

对于垂直新媒体来说,粉丝群体虽然精准却数量有限。这意味着,对于大众品牌而言,这个偏向B端的新媒体其实是不被品牌所认可的,尤其在短视频、直播火爆的当下,C端已经成为品牌方专题投放的主要选择之一。

所以,新媒体本身不是变现的产品,而是帮助产品变现的工具。拿此次全食展来说，全食展就是变现的产品，新媒体就是帮助全食展营销的工具。因为有了全食展的存在，全食展组委会的新媒体才有品牌商投放专题。同样，也正因为新媒体能够持续输出有价值的内容，才能让更多的经销商和企业了解全食展。

资料来源：王海宁.2020全食展：新媒体营销成会展业新生产力.中国贸易新闻网，2020-10-13.

课前讨论：
请你思考新媒体营销在全食展中的应用，该展会的未来发展潜力如何？

第一节 会展整合营销

一、会展整合营销定义及特征

整合营销是一种现代市场营销的新模式。在兼顾企业、顾客和社会三方共同利益的基础上，能够协调企业内外系统的关系和活动，发展出更适合当前市场需求的方法。简单来说，整合营销就是根据企业的目标设计战略，并利用各种资源来实现这些目标。这种新型营销方式能够最大限度地利用现有资源，满足消费者的需求，以最少的成本达到最佳效果。整合营销的信息传播更加方便，反馈迅速，相较于其他营销方式，优势更加明显。

首先，整合营销是一种新的观念。信息传播者可以通过多种途径进行宣传，消费者也可以从不同渠道获取信息。其次，整合营销是一种新的方法。信息传播和营销受多种因素影响，方法是否恰当对营销效果有深远影响。以往的营销通常由多个独立部门完成，整合营销则要求每个传播要素都能一致协调，合理分工，共同完成营销工作。

（一）整合营销与传统营销区别

首先，会展企业的整合营销理念突破了传统营销观念，传统营销理念将营销活动看作企业运营的一个职能，而整合营销则要求会展企业将所有活动整合和协调起来，共同为顾客服务。

其次，整合营销理念更清楚地认识到企业与市场之间的互动关系，不再简单地认为企业必须依赖并受限于市场发展，而是鼓励会展企业发现潜在市场，创造新市场。在现代市场环境中，创造市场可能比适应市场更重要，比细分市场和确定目标市场更为主动。

最后，与传统营销理论相比，整合营销传播理论的核心思想是关注消费者。其核心理念要求关注消费者的需求和欲望，提供可以满足消费者需要的产品；关注消费者愿意支付的成本；考虑消费者购买的便利性；积极与消费者进行沟通，建立互利关系，进而提升营销效果。

表9-1 传统营销与整合营销的比较

传统营销（4P 理论）	整合营销（4C 理论）
Product（产品）	Customer（解决顾客需求）
Price（价格）	Cost（顾客愿意支付价格）
Place（渠道）	Convenience（顾客便利）
Promotion（促销）	Communication（与顾客沟通互动）

（二）整合营销的基本特征

1．以顾客为中心

整合营销强调以顾客为中心，始终将满足顾客需求作为首要目标和最终目的。

2．高度整合

整合营销要求系统化配置企业所有资源，统一管理和使用，达到高度一体化营销。更有效地管理各种资源，创造最大的经济效益。

3．协调统一

整合营销强调企业内部各环节和各部门的协调一致，同时也强调与外部环境的协调一致，共同努力实现整合营销的目标。

4．现代化与动态化

整合营销重视现代科学技术和管理手段的运用，并要求企业以动态的眼光看待市场环境，主动迎接市场挑战，发现潜在市场并创造新市场。

二、整合营销传播的作用

整合营销传播是一种现代市场营销手段，统一了企业所有的营销传播活动，如广告、产品包装、促销、直销、企业形象和媒体传播等，通过传递一致的信息来吸引顾客。这种方法在会展策划中效果显著，能够明确传播的核心信息，提高会展效果。整合营销传播可以实现"多种表现形式，一种声音内核"。

（一）实现会展主题与会展形式的契合

整合营销传播可以完美契合会展主题和形式。会展主题是活动的精神核心，决定了活动的目的和方向，并影响顾客的吸引力。确定主题需要通过产品分析、顾客兴趣分析和展商兴趣点分析来定位。确定主题后，会展台布置、宣传册设计和活动流程都是主题的延伸。尽管丰富多彩的活动可以吸引顾客，但如果偏离主题，就无法有效宣传企业产品和文化。整合营销传播可以有效避免会展活动与会展主题的脱节。

（二）帮助会展企业树立品牌形象

整合营销传播可以帮助企业树立品牌形象。品牌形象的树立可以让顾客对企业有更深的认识，有助于会展产品促销。品牌从诞生到成熟，需要长时间的积累和发展，仅靠传统会展宣传难以完成品牌树立。整合营销传播是一种快捷有效的方法，使用这种方法要遵循统一性、简洁性和美观性的原则。统一体现在企业名称、色彩、资料和风格等方面。统一的企业名称和英文简称可以强化受众记忆，统一的色彩可以在视觉上建立与企业的联系，统一的资料和风格可以体现企业的严谨性和专业性。

（三）利用网络平台辅助传播

整合营销通过系统化整合各种营销工具和手段，实现企业与顾客的互动沟通。互联网作为强大的传播媒介，在会展企业的整合营销中发挥巨大作用，能够提供便捷的信息沟通和有效的销售渠道。传统会展需要大量资金和人力，且受场地限制。网络会展可以避免这些弊端，使企业的最新产品快速到达受众，顾客可以便捷地获取展览信息。通过网络互动交流，企业也能迅速了解顾客需求。

知识链接 | 全年360°整合营销，SIAL西雅展持续助力商机挖掘

SIAL西雅展将通过专业化、定制化、数字化营销顾问咨询服务，在展前和展后等非展期，为展商提供更多增值服务，协助展商进行全年360°品牌打造和商贸机会挖掘。

这些增值服务包括：以扩大品牌知名度为主的SIAL品牌+全渠道营销计划，企业品牌单次曝光量可达35万+；以帮助拓展销售渠道和对接商贸需求为主的SIAL私域社群，触达展商及食饮企业近1.3万+；直接触达行业垂直买家20万+。

在不久前举办的SIAL西雅线上采购年货节中，4小时的专属对接时间内，SIAL私域社群为参加专属对接活动的吉林展团13家企业带去了近百万成交金额。活动结束后，一些错过专属对接的展商还纷纷来询问后续活动什么时间举办。

SIAL食研室、SIAL小程序及SIAL展商说，均以推广展品特点为主，以便专业买家提前了解产品特质，其中SIAL食研室以视频营销为主，展品推广更加直观，互动性更强。

SIAL在线小程序询盘，借助数字化手段，实现全年为展商提供对接服务。目前SIAL在线小程序已入驻6000+买家，3000+展商，10 000+展品，日访问量5000+，已达成约500场配对。

SIAL商机在线（在线展商名录/产品名录/商贸配对），和SIAL Keep-Go线上精准配对会，亦将充分实现展前多平台展示，和多重渠道贸易机会挖掘。

SIAL西雅展是SIAL Network着力打造的又一国际性食饮品牌大展，将通过线上和线下、展期和非展期的360°整合营销服务，帮助展商抢占下半年全球食饮商机，扩大品牌影响力，抢占华南及东南亚食饮市场。

资料来源：SIAL国际食品展.夯实食饮商贸服务，SIAL西雅国际食品展（深圳）多措并举促成交.搜狐，2023-01-13.

第二节 会展新媒体营销

新媒体包括网络技术、数字媒体、数字技术等多种技术整合。全面的数字传播模式有效促进了传播者和受众之间的多形式互动，突破了传统展会在时间和空间上的限制。

图 9-1　第五届数字中国建设峰会

一、会展营销新媒体的优势

（一）提升互动性

新媒体改变了传统媒体单向传播的方式，加强了会展信息传播与展商的互动，并实现展商和观众的信息双向传播。利用先进的互联网技术，新媒体通过信息和资源的交换，促进了用户之间的沟通。

传统会展营销手段包括广告宣传和直接营销，传播模式无法及时获得目标对象的反应，客户与企业难以快速交流。新媒体作为大数据时代和多媒体技术的产物，覆盖面广泛，且宣传速度快，为会展企业提供了一个及时沟通的互动平台。主办方可以第一时间发布展会最新资讯，利益相关者可以通过平台获取信息和自助服务，既满足客户需求，又减少了人力投入。

（二）降低营销成本

新媒体技术的发展，使会展企业能够更加深入了解市场动态，抓住机遇。

由于成本相对较低，可以更加精准地针对目标人群进行宣传推广。参展商和观众可以快速获得更准确的资讯，避免盲目参展，提升对会展项目及企业的满意度。

在新媒体环境下，便捷的平台减少了传真和电话销售等投入。相较于传统电视媒介，部分新媒体技术具有检索性和重复性的特点，用户可以反复观看，避免目标人群遗忘广告信息，可以减少传统大众媒介的广告投放。

二、新媒体在会展营销中的应用

（一）会展前期

在资源整合方面，新媒体展示了独特优势，办展企业通过新技术进行客户资料收集、信息甄别和保护；强大的数据库为客户提供了智能识别系统，更好地满足客户需求，减少了办展机构和参展商在供应链和风险咨询等方面的问题；在形象塑造方面，新媒体通过声音、图片和视频等，展示会展企业以及参展商的形象；在会展项目的前期推广中，新媒体已成为主流方式，其中包括公众号推送、微博转发、短视频推广等宣传方式。

（二）会展中期

新媒体为会展项目举办提供了强有力的支持，通过在线服务、模式创新和多样化服务，推动了会展行业的发展。在会展举办期间，通过定制在线服务、实况推送和模拟场景对展会活动进行线上维护。大型展会通常开发线上展会，并与国内外信息技术提供商展开创新合作，提高服务水平，新媒体将传统的在线对话模式升级为一对多和多对多模式。新媒体的应用减轻了服务咨询台的压力，减少了办展机构的人力需求，使展会智能化日趋完善。在服务方面，运用线上渠道进行志愿者招募、培训和考试，进行有效的资源整合。

（三）会展后期

会展后期的客户关系维护是确保会展取得长期效益的关键。通过微信平台和参与抽奖等方式进行会展客户关系维护，以邮件或社交媒体等多种形式与客户保持联系，进行消息推送、展后服务和跟踪记录，为公司带来更多的业务机会。

> **知识链接** | "互联网+"时代会展行业的数字化变革

数字技术越来越深入地介入展览行业，随着技术的不断进步（AR、VR、元宇宙的应用）、商业形态的创新（直播、电商）以及人（年轻一代的网络人）与社会接触模式的变化，展览的模式和场景也将发生相应的变化。中国会展经济研究会发布了《中国会展主办机构数字化调研报告2022》，报告中指出：疫情加速了数字化转型，2021年近70%的主办机构选择了双线融合举办的方式，超过60%的主办机构获得了各类数字化收入，超过50%的机构已经开始了转型尝试，31.3%的机构认为数字化收入是大方向，但会展业的数字化转型同时也在面临寻找成熟的商业模式、缺少数字化运营人才和运营经验、数字化预算投入不足这三大挑战。数字会展未来美好，但其发展仍然任重道远。

资料来源：杨帆，闫策．关于"互联网+"会展的一些思考．中外会展，2022(07):72–74.

第三节　人工智能赋能会展营销

当今，人工智能正在深刻改变着人们的生产生活方式，也将给会展行业带来革命性的变化。

图9-2　人工智能在会展中的应用

一、人工智能在会展营销中的应用

（一）用户画像

会展企业可以通过以人工智能为代表的新技术，收集观众的年龄、职业、参展目的和地区等信息，绘制用户画像，将这些数据与展会的性质和规模等因素相结合，分析观众对不同展会的需求，根据不同需求提供相应的产品，提升展会价值。

（二）签到系统

签到系统可以统计实际到场人数和应到场人数，做好相应的准备措施，避免高峰时段拥堵的情况，使得进场秩序变得更加有序。智能技术的运用节省了人力物力，使得会展更加高效便捷。

（三）进撤展管理系统

在参展商把展品送往展品集散地时，系统会根据展品种类分配到不同的集散厂，并贴上电子标签，根据标签为展品从集散厂到达自身展位提供最有效率的路线，并实时监控展品的流动，如果没有按照预定路线进撤展或超过设定的时间，会自动报警。通过技术管理突破了传统的运输管理模式，减少了转运费并降低了撤展混乱。

（四）参展体验

借助人工智能，会展服务很大程度实现了智能升级，许多需要人工实现的服务项目都能够使用智能机器人或是参展观众自行通过智能系统或设备实现，为用户提供智能化的参展体验。机器人服务是人工智能时代展会服务的一大特色。智能机器人不仅可以用于展会的现场引导、会议主持和产品推送，还能提供场馆导航服务，其效率远高于人工导航。

二、人工智能赋能下会展企业转型升级

将人工智能融入展会企业，加强观众对于人工智能技术的认同感和共情能力。随着人工智能的快速发展，已经衍生出不同种类的服务机器人。会展业

应与时俱进,加大在人工智能方面基础设施的投入。通过智能机器人为参展观众提供咨询、导购等服务,为参展观众带来更加真实和丰富的参展体验。

未来的营销竞争是人和人工智能的协同作战,企业应当把握和应用未来营销工作"人机协同化"的模式,培养或引进行业相关的高质量高素质人才。人工智能正在成为这个时代技术变革的核心驱动力,新技术扩大应用将不断为会展行业注入新的活力。

拓展案例

数字赋能发展,数据激活势能

5月24日至25日,以"释放数据要素价值,发展新质生产力"为主题的"第七届数字中国建设峰会"在福建福州举行,来自各领域的代表围绕新技术、新模式、新业态展开思想碰撞,为观察数字时代的中国提供了风向标。

数字技术应用场景日益丰富

机器人、无人机等悉数亮相,人工智能、物联网等同台竞技……峰会现场体验区为观众打造全新的数字生活、文化体验,展现出数字时代的智慧面貌。

在展览会上,各种机器人成为当仁不让的"人气王"。解答问题、表演太极、冲泡咖啡……身处"千行百业"中的机器人们,在尽职尽责地打着工。

在飞象星球展区,一对一的人工智能作文辅导吸引不少观众。"这是老师的得力助手。"据工作人员介绍,飞象星球依托国产自研教育大模型打造的人工智能系统,能通过多轮启发式对话,帮助学生理解题目、发散思维、下笔成文。

一些展商还展出数字赋能传统企业转型升级的数字化方案。在九章云极的展台上,显示屏上展示着公司为企业量身定制的数字化解决方案。依托该方案,传统制造业企业不仅能够实时掌握生产数据,还能在诸如发生生产机械故障的情况下快速找到解决办法。

业内人士认为,随着大数据、物联网等数字化的基础设施和能力加速发展和提升,大批科技成果找到了现实应用的场景,带来人工智能、数字经济等新技术、新产业、新业态的兴起。

让数据的流动像自来水一样

因数字而变，因数字而兴。不论是人工智能技术发展、云计算服务，还是产业数字化转型，数据要素都渗透其中。专家们认为，数据要素要"用得好"，关键是"流得动"。

奇安信董事长齐向东表示，数字时代，万事万物都在数据化，数据资源越来越丰富，数据要素流动也越来越快，为促进经济社会发展带来了无限可能。

峰会上发布的《全国数据资源调查报告（2023年）》显示，2023年，全国数据生产总量达32.85ZB，同比增长22.44%。

如何激活数据要素价值、释放更多有效数据供给，成为未来数字经济发展的必答题。

中国电子信息产业集团有限公司总经理李立功认为，可通过立法、监管等方式强化数据要素管理，加快数据脱敏、脱密，能够便于定价、确权，加快数据流通。福建发布促进数据要素流通交易的若干措施，安徽加快出台公共数据授权运营管理办法，杭州加快推进高标准建设"中国数谷"以促进数据要素流通。各地正积极行动，以数据为抓手推动数字经济高质量发展。国家数据局副局长陈荣辉表示，将面向构建统一开放、竞争有序的数据要素市场，出台数据产权制度，制定促进数据合规高效流通交易政策文件，建立数据要素收益分配、安全治理机制。

资料来源：董建国，严赋憬，颜之宏．数字赋能发展 数据激活势能——来自第七届数字中国建设峰会的观察．新华网，2024-05-25．

本章核心概念

整合营销 Integrated marketing

营销 4Cs

Customer（解决顾客需求）　　Cost（顾客愿意支付价格）

Convenience（顾客便利）　　Communication（与顾客沟通互动）

新媒体营销 New media marketing

人工智能营销 Artificial Intelligence (AI) marketing

进阶讲堂

 >>> 传播

本章习题

一、简述题

1. 新环境下的会展营销面临哪些变革？
2. 会展整合营销具有哪些特征？
3. 阐述会展整合营销与传统营销的区别。
4. 简述会展营销创新分别体现在哪些方面。

二、实训演练

活动一

活动主题：认识并体验会展新媒体营销。

活动目的：增加感性认识，掌握会展新媒体营销。

活动流程：

1. 将全班分成若干小组，4～5人为一组，以小组为单位进行活动，参观一项大型会展活动。
2. 撰写该会展项目的新媒体推广方案，要求结构清晰并且可执行性强。
3. 以小组为单位提交方案。
4. 老师对其进行评价和质量评分，并计入总成绩。

老师评价

活动二

活动主题：认识并感受人工智能在会展营销中的应用。

活动目的：增加感性认识，体验人工智能在会展营销中的应用潜力。

活动流程：

1. 将全班分成若干小组，4～5人为一组，以小组为单位进行活动，参观一项大型会展活动。

2. 分析人工智能在该会展营销中的应用，以及该会展营销创新体现在哪些方面。

3. 以小组为单位提交书面调研报告。

4. 老师对其进行评价和质量评分，并计入总成绩。

老师评价

参考文献

[1] 张学梅，付业勤．会展市场营销．西安交通大学出版社，2018．

[2] 黄鹂，杨洋．会展营销．华中科技大学出版社，2019．

[3] 庾为．会展营销教程．首都经济贸易大学出版社，2020．

[4] 王永贵．服务营销与管理．南开大学出版社，2009．

[5] 刘松萍，李晓莉．会展营销与策划．首都经济经贸大学出版社，2018．

[6] 周杰．会展营销．重庆大学出版社，2018．

[7] 王琪，耿红莉．会展营销．清华大学出版社，2022．

[8] 陈薇．会展营销．重庆大学出版社，2013．

[9] 谢红芹．会展营销．北京大学出版社，2017．

[10] 魏仁兴．会展营销．重庆大学出版社，2012．

[11] 肖温雅．会展营销实务．机械工业出版社，2021．

[12] 钟燕萍，黄慧群．会展营销实训．机械工业出版社，2017．

[13] 郭奉元．会展营销实务．对外经济贸易大学，2007．

[14] 陈正康．会展经典案例分析．哈尔滨工程大学出版社，2022．

[15] 肖凭．新媒体营销．北京大学出版社，2014．

[16] 胡平．会展营销．复旦大学出版社，2005．

[17] 华谦生．会展营销实务．浙江大学出版社，2019．

[18] 符雷，崔剑生．会展营销．化学工业出版社，2016．

[19] 方勇．会展营销．中国纺织出版社，2013．

[20] 杨顺勇，丁萍萍．会展营销．化学工业出版社，2009．

[21] 刘大可．会展营销教程．高等教育出版社，2013．

[22] 王春雷. 会展市场营销. 旅游教育出版社, 2007.

[23] 王春雷. 会展策划与管理. 高等教育出版社, 2018.

[24] 包小忠. 会展营销. 中山大学出版社, 2012.

[25] 张金祥. 会展营销. 大连理工大学出版社, 2010.

[26] 杨帆, 闫策. 关于"互联网+"会展的一些思考. 中外会展, 2022(07):72-74.

期末考试试卷 A 卷

一、单项选择题（每题 2 分，共 20 分）

题号	1	2	3	4	5	6	7	8	9	10
答案										

1. 市场营销管理的实质是（   ）。
   A．增加需求   B．需求管理   C．减少需求   D．增加供给
2. 许多冰箱生产厂家近年来高举"环保""健康"旗帜，纷纷推出无氟冰箱。它们所奉行的市场营销管理哲学是（   ）。
   A．推销观念   B．生产观念
   C．市场营销观念   D．社会市场营销观念
3. 下面什么方法旨在激发消费者购买和促进经销商的效率，如陈列、展出与展览、表演和许多非常规的、非经常性的销售尝试。（   ）
   A．广告   B．公共关系   C．人员推销   D．营业推广
4. 会展营销是以（   ）的需求为中心的服务营销活动。
   A．参展商与观众   B．组展商与参展商
   C．组展商与观众   D．赞助商与观众
5. （   ）是会展企业选择营销战略的基础工作。
   A．营销环境分析   B．制定营销计划
   C．构建营销队伍   D．实施营销方案
6. （   ）是展览会营销业务的核心工作。
   A．招徕赞助商   B．展位招商   C．招徕广告商   D．寻找观众
7. 生产者—批发商—零售商—消费者属于（   ）。
   A．零级渠道   B．一级渠道   C．二级渠道   D．三级渠道
8. 绝大多数展览会都是按照（   ）进行划分的。
   A．产品规模   B．企业规模   C．企业地域   D．行业
9. 登门拜访的最大缺陷是（   ）。
   A．运行成本高   B．花费时间长
   C．客户满意度低   D．信息真实度低
10. （   ）通常是证明一个展览会是否有影响力的重要指标。
    A．参展规模   B．具有行业领袖地位的企业是否参展
    C．参展商满意度调查结果 D．展览期间的主要活动

二、多项选择题（每题 3 分，共 15 分）

题号	1	2	3	4	5
答案					

1. 适合展览会领域的宣传手段包括（   ）。
   A. 广告宣传　　B. 新闻报道　　C. 公关活动　　D. 路演
2. 展览会的收入主要包括（   ）。
   A. 展位租赁收入　　　　　　B. 广告收入
   C. 入场券收入　　　　　　　D. 慈善捐助收入
3. 会展产品的定价主要涉及（   ）的确定。
   A. 展位价格　　B. 广告价格　　C. 赞助价格　　D. 公关费用价格
4. 一般来讲，跟踪调查参展商的内容包括（   ）。
   A. 参展商对展览会的总体印象如何
   B. 参展商是否达到了预期目标
   C. 参展商对活动期间的服务是否满意
   D. 参展商是否决定下次还参展
5. 会展活动的效益包括（   ）。
   A. 经济效益　　B. 物质效益　　C. 社会效益　　D. 精神效益

三、判断题（每题 1.5 分，共 15 分）

题号	1	2	3	4	5	6	7	8	9	10
答案										

1. 销售渠道中只经过一个层次中间商的为长渠道。
2. 会展营销活动的主体包括国家和城市、展览与会议策划公司、展览馆和会议服务中心、参展商以及观众等五个方面。
3. 会展促销价是让顾客及时和尽可能多地了解会展产品，以达到加快销售的目的。
4. 对于会展主办者，运用媒体的策略主要是为了吸引更多的一般观众。
5. 参展商是否连续参展，常常是展览会成功与否的重要指标。
6. 会展宣传范围越大，力度越大，效果越好。
7. 会展企业和其他企业一样，产品质量和服务水平是企业生存和发展的根本。
8. 代理商的核心业务就是代表组展商招展、招商。
9. 团体认购展会面积越多，获得的价格折扣就越高。
10. 会展营销的目的是实现会展活动的市场价值，促进会展项目的供需结合。

四、名词解释（每题 4 分，共 16 分）

1. 市场营销
2. 产品组合
3. 市场细分
4. 分销渠道

五、简答题（每题 6 分，共 24 分）

1. 市场营销宏观环境分析因素包含哪些？
2. 简述有效细分市场应具备的条件包括哪些？市场细分的标准有哪些？
3. 简述集中性市场营销策略及其优缺点。
4. 简述衰退期的产品特点及营销策略。

六、论述题（10 分）

论述如何综合运用 STP 理论为某会展企业进行战略性营销定位。

A 卷参考答案

期末考试试卷 B 卷

一、单项选择题（每题 2 分，共 20 分）

题号	1	2	3	4	5	6	7	8	9	10
答案										

1. "酒香不怕巷子深"是一种（   ）观念。
   A．生产观念   B．产品观念   C．推销观念   D．营销观念

2. 许多冰箱生产厂家近年来高举"环保"、"健康"旗帜，纷纷推出无氟冰箱。它们所奉行的市场营销管理哲学是（   ）
   A．推销观念   B．生产观念
   C．市场营销观念   D．社会市场营销观念

3. 某汽车制造商给全国各地的地区销售代理商一种额外折扣，以促使它们执行销售、零配件供应、维修和信息提供"四位一体"的功能。这种折扣策略属于（   ）。
   A．现金折扣   B．数量折扣   C．功能折扣   D．促销折扣

4. 酒店和会议中心的（   ）是会议成功举办的最重要的因素。
   A．优质服务   B．设备设施   C．地点位置   D．营销方法

5. 会展营销是以（   ）的需求为中心的服务营销活动。
   A．参展商与观众   B．组展商与参展商
   C．组展商与观众   D．赞助商与观众

6. 会展企业在选择战略定位时必须在（   ）基础上。
   A．对市场竞争对手了解   B．对专业观众了解
   C．对赞助商了解   D．对参展商需求进行调研

7. （   ）是一种按照会展项目所花费的成本高低来决定展位价格的方法。
   A．价值导向定价法   B．竞争导向定价法
   C．成本导向定价法   D．需求导向定价法

8. 中间商从事展览会代理业务的最终目的是（   ）。
   A．获得佣金   B．获取差价   C．提高知名度   D．寻找合作伙伴

9. 组展商将服装展细化为男装展和女装展是依据（   ）进行的细分。
   A．年龄   B．收入   C．消费水平   D．性别

10. 展览会的核心功能是为参展商和观众提供有价值的（　　　）。
    A．实体产品　　　B．交易平台　　　C．服务　　　D．空间

二、多项选择题（每题 3 分，共 15 分）

题号	1	2	3	4	5
答案					

1. 展览会的核心要素包括（　　　）。
    A．参展商　　　B．观众　　　C．会刊　　　D．展台
2. 适合展览会领域的宣传手段包括（　　　）。
    A．广告宣传　　　B．新闻报道　　　C．公关活动　　　D．路演
3. 营销环境的内容包括（　　　）。
    A．宏观层面的政治、经济、文化以及法律环境
    B．产业层面的对外开放格局、同行业竞争态势等
    C．微观层面的企业管理水平、行业地位以及竞争态势等
    D．微观层面的政治、经济、文化以及法律环境
4. 参展商决定是否参展时考虑的重点是（　　　）。
    A．组展商的信誉
    B．组展商举办展览会的经验
    C．参展广告吸引力
    D．参展费用及展览中心硬件设施
5. 会展活动的效益包括（　　　）。
    A．经济效益　　　B．物质效益　　　C．社会效益　　　D．精神效益

三、判断题（每题 1.5 分，共 15 分）

题号	1	2	3	4	5	6	7	8	9	10
答案										

1. 企业要扩大产品的销售量，就应把产品的价格订得低一些，以达到"薄利多销"的目的。
2. 一般来说，举办展会唯一的目的是获取经济回报。
3. 会展营销活动的主体包括国家和城市、展览与会议策划公司、展览馆和会

议服务中心、参展商以及观众等五个方面。
4. 市场营销的实质上充分利用拥有的一切资源,通过对产品、价格、分销渠道、销售促进的机会、组织、执行、控制等管理手段实现对内外部环境的适应。
5. 参展商是否连续参展,常常是展览会成功与否的重要指标。
6. 有关调查资料显示,参加展览会是企业成本最低、收效最好的营销方式。
7. 会展企业和其他企业一样,产品质量和服务水平是企业生存和发展的根本。
8. 代理商的核心业务就是代表组展商招展、招商。
9. 一般资金雄厚、在市场上具有重要影响的组展商才用领先定价法。
10. 会展项目会随着知名度的提高以及市场的成熟而不断调整定价策略。

四、名词解释(每题 4 分,共 16 分)

1. 市场营销
2. 产品促销
3. 分销渠道
4. 市场定位

五、简答题(每题 6 分,共 24 分)

1. 什么是促销组合?制定促销策略需要考虑的因素有哪些?
2. 简述新产品定价策略。
3. 简述会展目标市场的选择策略有哪些。
4. 简述新旧两类营销观念的区别。

六、论述题(10 分)

论述产品生命周期阶段的划分及相应的营销策略。

B 卷参考答案